Couvertures supérieure et inférieure manquantes

8° T 2
50681

LETTRES DE MALAISIE

DU MÊME AUTEUR

I. L'ÉPOQUE
13 volumes

CHAIR MOLLE. — SOI. — LA GLÈBE. — ROBES ROUGES. — LE VICE FILIAL. — LES CŒURS UTILES. — LE CONTE FUTUR. — LES IMAGES SENTIMENTALES. — LA PARADE AMOUREUSE. — LA FORCE DU MAL. — LES CŒURS NOUVEAUX. — L'ANNÉE DE CLARISSE. — LA BATAILLE D'UHDE.

Sous presse : LES TENTATIVES PASSIONNÉES.

II. Les Volontés Merveilleuses
6 volumes

ÊTRE. — EN DÉCOR. — L'ESSENCE DE SOLEIL. — PRINCESSES BYZANTINES. — LE MYSTÈRE DES FOULES.
Sous presse : BASILE et SOPHIA. — LE TEMPS et la VIE.

III. Critique des Mœurs
2 volumes

EN COLLABORATION
4 volumes

LE THÉ CHEZ MIRANDA, nouvelles (avec M. Jean Moréas). — LES DEMOISELLES GOUBERT, roman (avec M. Jean Moréas). — L'AUTOMNE, drame (avec M. Gabriel Mourey). — LE CUIVRE, drame (avec M. André Picard).

PAUL ADAM

Lettres de Malaisie

ROMAN

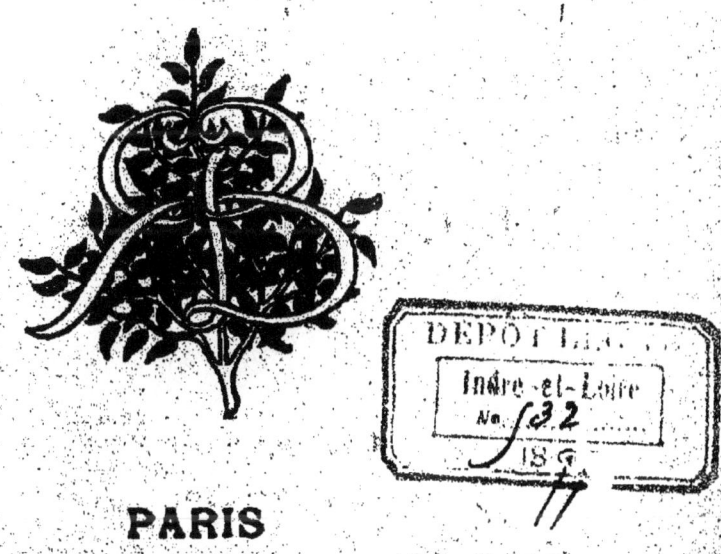

PARIS
ÉDITIONS DE LA REVUE BLANCHE
1, Rue Laffitte
1898

JUSTIFICATION DU TIRAGE

A PAUL OLLENDORFF

LETTRES DE MALAISIE

Un diplomate espagnol avec qui j'eus l'honneur de me lier, naguère, aux environs de Biarritz, m'écrit des Philippines, une série de lettres. Elles révèlent un curieux accident historique et social. Peut-être ne rappellerai-je pas inutilement, pour l'explication du phénomène relaté plus bas, le succès dévolu en 1842, à la publication du Voyage en Icarie, *par Cabet. Des personnes entièrement saisies par la lecture de cette utopie communiste, suivirent l'auteur au Texas, puis dans l'Illinois où fut tentée, sous ses auspices, la réalisation de théories économiques. Nul n'ignore le pénible résultat. Donc un émule dissident de Cabet aurait, dans la Malaisie, essayé de même cette* réalisation. Il siérait peu de s'en déclarer surpris. L'époque comprise entre 1830 et le 2 décembre 1851 restera marquée par l'effervescence du socialisme. Né en 1772, Fourier, ayant connu la Révolution française, la jugea comme il convient : mal. Henri de Saint-Simon, son contemporain, établit également que l'œuvre jacobine valait peu, si l'on ne voulait adjoindre à son programme la suppression de l'héritage et l'égalité civile des sexes. Il instruisit Auguste Comte et Blanqui, qui magnifièrent l'un sa pensée, l'autre son action. Lors de 1840, ces ferments de socialisme agitaient fort les esprits, non moins qu'au temps actuel. En 1832, Fourier avait fondé son journal Le Phalanstère ; en 1840 Proudhon crie : « La propriété c'est le vol. » On transfère les cendres de Napoléon aux Invalides ; on élève à Boulogne la colonne de la Grande Armée. L'Attila de la Révolution est reconnu officiellement héros. Vers 1841 Proudhon lance son Avertissement aux propriétaires ; presque en même temps est promulguée la loi sur les expropriations. Interné, depuis 1839, pour l'échauffourée de Boulogne, au fort de Ham, le futur Napoléon III écrit son Extinction du paupérisme. 1842 voit paraître la loi sur le travail des enfants dans les manufactures. Pour la première fois, le Pouvoir tente d'enrayer l'exploitation capitaliste et de protéger les vies laborieuses. Un décret royal autorise la construction des grandes lignes ferrées. L'évolution économique accomplit une étape considérable.

On lit le Voyage en Icarie de Cabet, et on se passionne pour cet essai, parmi la ferveur réformiste qui préparait la révolution de février 1848, les Ateliers Nationaux, l'idéal du « Droit au travail, » noyé par le général Cavaignac dans le sang de douze mille prolétaires. La bourgeoisie éduquait ainsi le suffrage du peuple pour préférer, comme président de la République, Louis Bonaparte au massacreur de Juin.

La relation du diplomate espagnol ne saurait donc nous étonner beaucoup. Un émule de Cabet entraîna dans les îles de l'Océan Indien quelques simples gens enthousiasmés par l'utopie à la mode.

Rival et ennemi personnel de l'Icarien, celui-ci dirigea son expédition vers l'Extrême-Orient, puisque l'autre menait la sienne à l'Occident.

Voilà tout ce qu'il semble indispensable de rappeler, avant la lecture de ce qui suit.

P. A.

N. B. — L'esprit naïf de mon ami, brave homme d'intelligence médiocre, juge assez maladroitement, et son style manque de parure. Il faut excuser les habitudes administratives d'un diplomate.

Au surplus, on verra très aisément que CECI N'EST PAS UN IDÉAL.

LETTRE I

>Mer des Célèbes, à bord du
>*Novio,* en rade de la ville
>d'Amphitrite, le 20 Septembre 1896.

Mon cher ami,

Vous me pardonnerez sans doute de vous avoir laissé brusquement à Saint-Sébastien, si je vous représente qu'un ordre venu du ministère me contraignit à partir sur l'heure pour les Philippines, où l'insurrection prenait tout à coup cette importance déplorable, cause de nouvelles calamités abattues sur la malheureuse Espagne. Réveillé en pleine nuit par un agent, et cela, non sans épouvante pour la *Basquina* (dont la sœur dut vous satisfaire, j'imagine), je m'embarquai, deux heures plus tard, sur le *Novio,* ce blanc croiseur tout gentil que balançait rudement l'eau, dans la cuvette du port. Vous aviez tant maudit le mugissement de la sirène. Mon télégramme ne dut pas moins vous ahurir que sa voix, au réveil.

Traversée abominable. J'ai peu quitté la cabine. La mer s'écroulait sur le pont. Moi je rendis compte de mon estomac aux ustensiles indispensables. Joies de la Carrière !

D'abord il faut vous dire que l'agent m'avait remis une enveloppe contenant des ordres. Ceux-ci me confèrent la mission d'apprendre, quelles idées étrangères et puissantes troublent, dans la colonie, le loyalisme de nos planteurs, de nos commerçants, la placidité des indigènes.

Certes, ils n'agissent, ni les uns ni les autres, en confiance dans leurs seules forces. Pour s'attaquer au gouvernement de la métropole, il faut qu'ils se croient soutenus. Les Cubains le sont par les Etats-Unis. Parvenu à Manille, je commençai l'enquête. J'eus lieu de penser tout d'abord que la politique mégalomane du Japon ne s'abstenait pas d'encouragements en faveur des insurgés.

Mais je me convainquis que cette influence

n'était pas la principale ; car, si le Japon pense à conquérir les grandes îles des deux Océans indien et pacifique, et à y créer une puissance insulaire analogue à celle des pays britanniques, ses diplomates n'ignorent point les difficultés d'une semblable tâche. Spolier aujourd'hui l'Espagne et la Hollande de leurs possessions malaises serait peu commode. L'Europe dont les nouveaux événements scellent l'union fédérative, se lèverait contre la jeune Asie. Bref, il importait de découvrir une autre cause efficiente. Je vous épargne le sommaire de mes démarches.

Plusieurs d'entre les hauts fonctionnaires de Manille m'entretinrent, au débarqué, d'une fable fort en crédit chez ceux du peuple. Depuis quelque dix ans, il serait venu, du ciel, dans les bourgs intérieurs de la colonie, des aéronautes européens. A maintes reprises, ces voyageurs auraient noué des relations avec nos indigènes, certains colons.

Ils échangeraient des montres, des outils, de l'or en lingots contre plusieurs sortes de semences, des porcs et des moutons.

On me montra l'un de ces lingots, petit rectangle parfait portant le timbre d'un écusson héraldique, dont l'origine est certainement byzantine. En filant le long des côtes, sur le *Novio*, le pilote malais me fit apercevoir loin dans la montagne insulaire de Mindoro, une saillie du plateau central, puis, là-dessus, une sorte de colonne à claire-voie, très semblable à votre Tour Eiffel, et qui, construite par ces mystérieux explorateurs, servirait de débarcadère à leurs nefs aériennes. On m'en indiqua d'autres, perceptibles de la côte, sur les pics du massif central, dans la grande île Mindanao, dans l'île Iebu, dans l'île Negros. Toutes ces stations se trouvent situées au faîte de sommets rendus inaccessibles par la nature montueuse du sol, l'impénétrabilité des forêts vierges, la pestilence des marécages, et notre ignorance générale de la topographie de ces régions. Vous le savez : de Bornéo, des Célèbes, des Philippines, les Européens occupent quelques provinces côtières ; ils affirment un protectorat nominal sur les populations de l'intérieur à peu près inconnues.

Or, Bornéo a deux cents kilomètres carrés de plus que la France, et les autres groupes d'îles en comprennent d'immenses, comme Luçon, Mindanao, Sumatra, Java. Mes compatriotes de Manille supposent qu'au centre de ces petits continents, d'énergiques Occidentaux purent établir une civilisation secrète attestée par le passage de ces nefs aériennes gardant la forme de grands oiseaux, aux ailes infinies, et arborant une voilure analogue à celle de nos sloops.

Devant moi on interrogea plusieurs prisonniers de l'insurrection. On leur demanda la provenance d'imprimés saisis sur eux. Ces pièces constataient leur présence sous les drapeaux de la révolte. Elles semblaient être la formule en espagnol d'un diplôme révolutionnaire. Chose qui me frappa, l'exergue représentait un coq chantant et perché sur un faisceau de licteur muni de sa hache. Je me souvins avoir vu, sur les estampes françaises éditées en 1849, des emblêmes identiques, à Paris. Oserai-je croire, cher ami, que l'on commence à excuser la longueur de la missive ? Cela vous intéresse-t-il, spécieux anarchiste français ? Ce sont vos frères qui excitent contre la vieille monarchie des Castilles nos sujets de Malaisie. Je continue, car voici qui vous réjouira. Depuis dix ans tous les gouverneurs des Philippines adressèrent à Madrid certains rapports sur ces indices.

Ils y développèrent l'hypothèse logique d'un centre de « pirates aériens » français, se développant sur les hauts plateaux inaccessibles des grandes îles. L'ineffable assurance de nos ministres blâma ces rapports. On enjoignit à leurs auteurs de cesser une moquerie peu compatible avec le caractère de leurs fonctions. Un obstiné subit la disgrâce. Ses successeurs gardèrent un silence favorable à la gloire de leur avenir.

L'un cependant, voulut, sans l'autorisation métropolitaine, tirer la chose au clair. Un détachement de marins envoyé dans l'île de Mindanao tenta l'approche d'une des hautes colonnes à claire-voie. Il fallut défricher la brousse, tailler une sente, faire sauter des rocs, fusiller des tigres et des crocodiles. De toute l'expédition il revint trois hommes. Ils contèrent que, près d'atteindre le faîte de la montagne, d'épouvantables explosions avaient anéanti le détachement. La tour était défendue par un circuit de torpilles dissimulées sous le sol. Comme bien vous pensez, le gouverneur ne souffla mot de son audace. Il déclara les marins massacrés dans une embuscade de naturels ; puis, désigna les trois survivants pour un poste malsain, où la fièvre et le décès scellèrent leurs bouches.

Malgré des objections du gouvernement central, je résolus de poursuivre l'enquête. Mon premier rapport télégraphique mentionna seulement les manigances japonaises. Mais il advint qu'un jeune insurgé de race batave trahit l'aventure afin de se soustraire à la peine de mort prononcée contre lui par la cour martiale. Les armes, les munitions, l'argent venaient de Bornéo ; il l'avoua. Des Malais habiles à se glisser dans la brousse et connaissant des sentes secrètes, gagnaient la base des colonnes, où l'un de ces forbans leur donnait les indications nécessaires ; de l'or. Des jonques allaient ensuite, la nuit, quérir, dans tel îlot du large, les caisses, déposées là, par les nefs aériennes, un peu avant l'heure prescrite dans les lettres. Poussé à bout, soumis même à un genre d'instruction que nos ancêtres les inquisiteurs excellaient à rendre utile, mon batave finit par avouer l'existence d'un petit port dans une crique de l'île de Bornéo que dissimulent les récifs. Très étroite, la passe ne tenta jamais les capitaines de navires européens, mal impressionnés d'ailleurs devant l'apparence abrupte et déserte de la falaise. On l'aperçoit plus loin que les lignes de brisants et une mer blanchie par le ressac sur des rocs noyés.

Pour obtenir que le batave désignât un pilote indigène capable de conduire le *Novio* dans la passe, il fallut employer tous les genres de coercition.

Vous, français et humanitaire, vous attachez à l'existence humaine un prix excessif. Moi, je pense que les intérêts d'une nation totale valent bien quelques vies d'imbéciles. Mon batave, espèce de mercanti qui empoisonne les indigènes au moyen d'ignobles alcools, qui leur vend des caresses de filles syphilitiques, nous intéressait peu. Il s'était joint à la révolte depuis que la police avait fermé son bouge à la suite d'un assassinat commis sous ses yeux. Je tirai de cette matière vile, par les moyens de force, de profitables renseignements. J'appris qu'à deux ou trois reprises les jonques de l'insurrection avaient reçu, dans le petit port d'une ville cachée au giron des falaises, leurs chargements de carabines, de rifles, plusieurs pièces d'artillerie. Il fallut bien m'y conduire.

Sans perdre de temps, un pilote fut découvert, arrêté, et habilement interviewé dans la prison par un traître de nos serviteurs qui lui demanda la relève de la passe, voulant, dit-il, remplir, à la place du détenu, ce dangereux devoir insurrectionnel, pendant l'incarcération. Lui, assura-t-il, devait être mis en liberté, le soir même, faute de preuves. Il le fut. Le *Novio* gagna la haute mer aussitôt, sous le double panache de ses fumées.

Fort difficilement nous reconnûmes la passe, sur la côte S.-E. de Bornéo. Plusieurs fois dans la nuit, nous vîmes au-dessus de nos têtes, à d'incalculables hauteurs, planer des ombres immenses, tandis que le jet d'un fanal électrique éclairait soudain le pont du navire, les eaux furieuses et blanches, la balcinière des sondeurs devançant avec prudence, parmi les récifs, notre proue. Je craignis la chute d'une torpille qui eût mis en miettes le bâtiment. Le capitaine du *Novio* partagea cette appréhension. Je vous assure que nous vécûmes vingt-quatre heures sans joie, dans ces parages sinistres. A plusieures reprises, il tomba sur le pont une grêle de pois secs, comme si les aériens eussent voulu nous avertir de la précision de leur œil, et nous inviter ainsi à la retraite. Moi, je descends des conquistadors. Cette bravade me mit en fureur, simplement ; et je bousculai jusqu'à la mer un nègre chauffeur qui trop manifestement s'épouvantait. On le repêcha.

Avant-hier à l'aube, nous franchîmes enfin la dernière parallèle de brisants, et pénétrâmes dans des eaux plus paisibles.

Immédiatement, par dessus la crête des falaises, et entre les pointes des sommets, parurent cinq aérostats. Nous pûmes les observer à l'aise, car ils tournoyèrent lentement, à une bonne hauteur, vers un centre qui était le zénith du *Novio*.

Deux ailes de cent cinquante ou deux cents mètres soutiennent chacun dans l'espace. Elles semblent épaisses. Nous pensâmes qu'elles forment deux enveloppes plates contenant du gaz; et qu'elles aident surtout à planer. Il est rare qu'un mouvement les agite. Aux extrémités d'un axe sous-jacent à la nef, deux énormes hélices, l'une en proue, l'autre en poupe, se vissent horizontales, dans l'air. Entre elles est une dunette où se meuvent des mécaniciens, des observateurs. Nous suivions leurs gestes. Ils photographièrent le *Novio*. Né de la giration des hélices, un vent fripait leurs hardes. Ils s'agriffaient aux rampes de la passerelle. Au-dessus d'eux, à trois mètres, la charpente d'une terrasse oblongue se trouvait d'une trappe recevant un minuscule escalier. Cette terrasse semble sans autre épaisseur que celle d'une planche solide. Elle supporte une mâture et une voilure de sloop, servant à gouverner la course de la nef. A ses flancs aussi s'attachent et s'articulent les immenses ailes épaisses. Nous parvînmes à distinguer sur l'ovale de cette terrasse, des machines légères, subtiles, un volant de dynamo, une tente, l'équipage comportant une huitaine d'hommes au plus.

Nous vîmes encore que la mâture était maintenue par des étais compliqués et nombreux s'appuyant aux bordages. Le vol de la nef ne diffère point de celui des milans, des grands-ducs, et autres oiseaux de proie. Toute la journée, l'escadre plana en décrivant des cercles autour de notre centre. A certaines minutes, nous percevions le bruit des hélices, un frou-frou formidable, si l'un de ces bâtiments s'inclinait vers nous. Les matelots présentent la voile au courant d'air, et dirigent ainsi. Ils semblent d'admirables gabiers.

Au milieu de leurs cercles, nous étions comme une pauvre perdrix que guette un vol d'éperviers voraces. Il me fallut remonter le courage de nos hommes. Sans cesse l'ombre du passage des nefs glissait sur notre pont. Nous ne laissâmes pas de nous engager dans la crique. Elle commence une sorte de fjord peu profond, creusé entre deux pans abrupts de montagnes rocheuses où des sapins et la brousse se hérissent. Vers midi nous aperçûmes, après avoir doublé un petit cap intérieur, les blancheurs de la ville qui se nomme Amphitrite.

Le sémaphore nous fit signe de stopper, annonçant une embarcation et un message. Nous obéîmes.

La ville est joliment installée, en gradins, sur le flanc de la montagne. Les quais bas ne semblent point destinés à l'accueil de grands navires. Cela s'explique, les aérostats remplaçant la marine. Des fanaux électriques bordent un boulevard. Les maisons basses ont des arcades de pierre, sous lesquelles circule une foule en habits à la française du dix-septième siècle. Elle nous examina de loin, sans dépasser une sorte de limite idéale, bien que nul agent de police ne parût la retenir. Nous vîmes plusieurs grandes voitures automobiles. Un carillon délicieux précéda la sonnerie de l'heure. Le soleil qui survint révéla les façades dorées ou argentées des maisons, des portiques en faïence bleue, sous lesquels dansent des gerbes d'eau jaillies d'une vasque. Les arbres et les végétations dissimulent beaucoup les perspectives.

Un canot sortit d'un bassin. Il avança, mû

par une force cachée, mais puissante ; son étonnante rapidité nous surprit. Sur l'avant, une figure de chimère poussait l'eau de sa poitrine à écailles de faïence verte. Nous eûmes à peine le temps de hisser le pavillon espagnol. Une grande ombre voila le ciel, au-dessus de nos têtes ; et nous vîmes un aérostat descendre entre les parois du fjord que frôlaient ses énormes ailes. De la dunette inférieure, pendait sur nous, au bout d'une chaîne, une torpille monstrueuse. Le cuivre pointu du détonateur luisait.

Ce fut sous cette autre épée de Damoclès que je reçus, à la coupée, le magistrat du canot.

Il gravit l'escalier lestement malgré les soixante-dix ou quatre-vingts hivers qui avaient blanchi ses courts favoris ras. Maigre petit vieillard, à la lèvre nue, il me salua de son feutre mousquetaire assez impertinemment, laissa voir, une seconde, le toupet de neige surmontant une soyeuse chevelure ramenée aux tempes ; se recouvrit. Derrière lui cinq hommes surgirent, en habit bleu de roi, et haussant plusieurs enseignes dont l'une était un coq d'or aux ailes étendues, l'autre, les armoiries byzantines inscrites déjà sur les lingots rectangulaires de leur monnaie, la troisième deux mains, l'une d'or, l'une de fer, enlacées entre deux palmes. Cela terminait des hampes écarlates. Je considérai mon minuscule interlocuteur, son ample habit Louis XIV en soie grise, ses culottes larges disparues sous la veste de piqué blanc, ses petites jambes impatientes dans des guêtres de maroquin fauve boutonnées jusqu'aux genoux.

« — Monsieur, me dit-il en français, vous ignorez sans doute chez qui vous êtes. Depuis cinquante-trois ans, nul Européen ne fut admis dans la baie. Pour vous, les torpilles qui renforcent la ligne de brisants furent neutralisées. Le temps nous a semblé venu de laisser connaître à quelques-uns les agencements de notre colonie. Ce petit livre que je vous remets vous instruira sur les origines de notre œuvre. Nous sommes des Français qui s'expatrièrent pour fuir un régime d'iniquité et de bon plaisir. Disciples de Fourier, de Saint-Simon, amis de Proudhon et de Cabet, — j'espère que ces noms illustres ne vous sont pas inconnus, — nous avons voulu réaliser ici une existence conforme à la saine logique phalanstérienne. Ce que Cabet tenta en Icarie, nous l'essayons en cette contrée fertile. Monsieur, le doux Virgile a dit :

O fortunatos nimium sua si bona norint
Agricolas !...

« Nous avons donc résolu de connaître notre bonheur. Assez et trop longtemps nous avons pu expérimenter le *sic vos non vobis*, du cygne de Mantoue ; et nous murmurions avec le Latin : *quandoque, o rus, te aspiciam !...* Ici nous jouissons enfin de la nature. Soyez le bienvenu sur cette terre de fraternité, Monsieur. Vous pourrez, sans doute, bientôt en énumérer les félicités à vos compatriotes, lorsque vous serez revenu auprès des lares de vos ancêtres. Et peut-être direz-vous alors, comme l'éloquent Chrysostôme, *Mataïotès, mataïotétôn, kaï, panta mataïotès* ; vanité des vanités, tout n'est que vanité », lorsque le véritable amour civique ne préside pas aux destinées des grands peuples.

« Sous ce pli, Monsieur, vous lirez les

conditions que notre gouvernement impose au cas où le désir de visiter nos villes et nos champs, vous solliciterait. Pour l'affaire diplomatique dont vous agiterez le grave problème, c'est seulement à notre capitale, et devant le conseil de Dictature, que vous pourrez obtenir une solution. Pour moi, Monsieur, je ne suis qu'un humble serviteur de notre peuple, le sénéchal de cette province. Je suis heureux, Monsieur, d'avoir été le premier de la nation à saluer ici l'envoyé d'un noble pays (1). »

Je voulus répondre, mais le sec petit vieillard me tourna le dos et descendit précipitamment dans le canot, avec ses porte-enseignes. Aussi vite qu'elle était venue, l'embarcation repartit.

(1) Cf. Fénelon, *Télémaque*, Livre IX.
Télémaque regardait avec admiration cette ville naissante, semblable à une jeune plante qui, ayant été nourrie par la douce rosée de la nuit, sent, dès le matin, les rayons du soleil qui viennent l'embellir ; elle croît, elle ouvre ses tendres boutons, elle étend ses feuilles vertes, elle épanouit ses fleurs odoriférantes avec mille couleurs nouvelles ; à chaque moment qu'on la voit, on y trouve un nouvel éclat. Ainsi fleurissait la nouvelle ville d'Idoménée sur le rivage de la mer ; chaque jour, chaque heure, elle croissait avec magnificence, et elle mon-

J'ai lu l'opuscule et les papiers remis par le sénéchal d'Amphitrite. Ils confirment l'hypothèse des gouverneurs de Manille. Une colonie de saint-simoniens et de fouriéristes, débarquée ici vers 1843, a prospéré clandestinement sur les hautes cimes de l'intérieur où il fallut d'abord se réfugier, par précaution contre la férocité des peuplades autochtones. Peu à peu, le territoire s'étendit, après une longue et dure période de guerres. Maintenant il occupe, à l'intérieur de Bornéo, un espace grand comme le tiers de la France. Malgré les conditions singulières imposées au voyageur par le communiqué officiel du Conseil de Dictature, je pénétrerai dans le pays. Ma

trait de loin aux étrangers qui étaient sur la mer de nouveaux ornements d'architecture qui s'élevaient jusqu'au ciel. Toute la côte retentissait des cris des ouvriers et des coups de marteau ; les pierres étaient suspendues en l'air par des grues avec des cordes. Tous les chefs animaient le peuple au travail dès que l'aurore paraissait ; et le roi Idoménée, donnant partout les ordres lui-même, faisait avancer les ouvrages avec une incroyable diligence.

Toute l'armée des alliés dressait déjà ses tentes, et la campagne était couverte de riches pavillons de toutes sortes de couleurs, où les Hespériens fatigués attendaient le sommeil. Quand les rois, avec mission diplomatique, au reste, m'y contraint.

J'ai pensé, mon cher ami, obtenir en vous écrivant, ces motifs curieux, le pardon de l'incartade qui me fit vous quitter si brusquement à Saint-Sébastien. M'excusez-vous ?

Je suis votre bien dévoué...

leur suite, furent entrés dans la ville, ils parurent étonnés qu'en si peu de temps on eût pu faire tant de bâtiments magnifiques, et que l'embarras d'une si grande guerre n'eût point empêché cette ville naissante de croître et de s'embellir tout à coup.
On admira la sagesse et la vigilance d'Idoménée, qui avait fondé un si beau royaume ; et chacun concluait que, la paix étant faite avec lui, les alliés seraient bien puissants s'il entrait dans leur ligue contre les Dauniens. On proposa à Idoménée d'y entrer ; il ne put rejeter une si juste proposition, et promit des troupes.

LETTRE II

Minerve, Septembre 1896.
Palais des Voyageurs.

Mon cher ami,

Je comptais que des nouvelles sur mon incursion dans ce pays vous parviendraient par la voie des gazettes. De Manille une correspondance officielle m'arrive qui indique les desseins de mon gouvernement. Ils s'opposent à la révélation de la découverte. Or, vous le savez : les intérêts d'Etat primant tout, il pourrait advenir qu'un malheur privât nos contemporains de ma présence, lors du retour en pays ami. Au prestige des Pouvoirs d'Europe, l'exemple serait funeste d'une communauté ayant prospéré grâce à l'entière abolition de la famille, du capital, de la concurrence, de l'amour... et de la liberté.

Rappelez-vous ce soir de Biarritz où nous imaginâmes la future tyrannie du marxisme imposant à des millions d'agriculteurs, de savants, d'artistes, les lois utiles à la seule aise de la minorité ouvrière. Les plus rigoureuses de nos prédictions se trouvent ici dépassées. Or, comme le leurre de la liberté sanctifie tout le système européen, je gage que les monarques et les démagogues s'allieront pour mettre une dalle de silence sur mon récit avant même, peut-être, que j'aie réussi à le publier. Donc, je vous sacre dépositaire de mon secret, afin que son immédiate divulgation puisse, bien que partielle, rendre inutiles les mesures de force.

Cela vous expose à l'envoi de plusieurs manuscrits. Je vous prie de me pardonner.

J'aurais bien voulu user, pour cela, du moyen de correspondance qui satisfait la gent de cette nation-ci, mais je pense à toute la peine que vous auriez pour découvrir à Paris un phonographe, aux sommes qu'il faudrait débourser pour l'acquérir, et aux défectuosités probables de l'appareil. Je préfère me servir d'encre.

Au Palais des Voyageurs, dans cette ville de Minerve, chaque chambre possède son phonographe, ses lampes électriques, ses robinets d'eau chaude et de froide. Plusieurs plaques de fer encastrées dans le mur rougissent si l'on tourne un bouton qui dispense de forts courants électriques. La chaleur se répand selon le nombre de tours imprimés au bouton, et un thermomètre indique la somme de degrés obtenus par cette manœuvre.

La pièce où je vous écris a des murs de faïence orangée, un parquet de verre opaque, une coupole de stuc, une fenêtre cintrée ouverte sur les perspectives à grandes courbes des rues. J'aperçois la ville, et ses maisons bleues, cramoisies, jaunes, dorées, argentées couleur de fer. Il pleut. L'eau du ciel fait reluire l'émail des façades. Les tramways glissent vertigineusement sous les passerelles légères que franchissent les piétons encapuchonnés de caoutchouc gris. Aucun bruit de marteau, aucune chanson, aucun pas de cheval ne troublent le murmure uniforme des passants chaussés de semelles sourdes et que portent des trottoirs mobiles roulant au long des rez-de-chaussée. Entre les colonnes qui se succèdent à la place où se montreraient chez nous les devantures des magasins, des tables soutiennent des boissons dans la composition desquelles n'entre aucun alcool. Cafés, bières, thés, crèmes, sorbets, glaces, chocolats régalent le repos du promeneur momentanément étendu dans son rocking, et qui prête une oreille distraite aux chroniques que lui récite le phonographe où un acteur souffla les intonations. Ce peuple-ci n'a plus à prendre la peine de lire. On enferme dans une sorte de piano mécanique, des albums échancrés de trous divers qui s'emboîtent sur les pointes d'engrenage de grosseur correspondant à la capacité et au dessin du trou. Plus forte que la voix normale, une voix avertit des accidents, de la température, déclame une chronique ou un conte. Rien de plus bizarre que d'entendre ces mille phonographes sous les arcades. Chacune des « stations » porte une enseigne indiquant la nature du récit. Les amateurs de nouvelles s'arrêtent sous la « Voix des Evénements ». Les gens épris de littérature sirotent du thé sous la « Voix des Poètes ». Ceux qui aiment revivre selon les temps anciens boivent à portée de la « Voix de l'Inde », de la « Voix de Rome », de la « Voix de la Grèce ». Le murmure marin de ces voix confondues donne une sorte d'angoisse.

Depuis les inscriptions chaldéennes, celles des stèles égyptiaques jusqu'aux imaginations modernes, le témoignage de la vieille humanité pleure dans la ville. On écoute l'Idée, l'Idée Une, l'Idée Mère, bruire en ses transformations merveilleuses. Cela plane sur les innombrables coupoles de faïences multicolores, sur le bruit des hautes gerbes d'eau qui jaillissent décorativement aux coins des avenues, dépassent le faîte des maisons et couronnent la cité de splendides panaches liquides.

Voilà ce que j'entends de cette chambre, ce que je vois de cette fenêtre.

Songez au total de travaux, d'efforts, d'activités qu'il fallut pour ce résultat !

Dès le crépuscule, ce sont des musiques.

Les sons s'engouffrent dans la ville, s'élèvent, planent. Des orgues crient. Des orchestres invisibles s'évertuent. Tantôt, c'est une messe de Palestrina, tantôt une œuvre de César Franck, tantôt du Wagner, du Beethoven, du Gluck, du Chopin. La seule mécanique remplace les virtuoses. On perçoit bien une roideur d'exécution quelque peu fâcheuse ; mais seulement à certains passages. La sensation est brève. Un essor d'harmonies parfaites noie la note pénible.

J'ai obtenu de pouvoir connaître ces choses en donnant au sénéchal d'Amphitrite ma parole d'honneur d'observer certaines conventions. Je ne dois, durant mon voyage, ni acheter ni vendre. On m'a fait remettre aux bureaux d'Amphitrite toutes mes valeurs. On m'a prévenu qu'accueilli comme hôte de la Dictature, je n'aurais nulle dépense à compter. Il m'est interdit de faire des cadeaux ou d'en recevoir. Toute circulation de monnaie, tout échange commercial est proscrit sur le territoire de la Dictature ; et pour me prémunir contre la faiblesse humaine, on m'a conduit dans un magasin, on m'a revêtu d'un habit pareil à celui du sénéchal, en sorte de soie sombre, d'une culotte semblable à celles de nos cyclistes, de bottines et de molletières en cuir crû. Sur ma tête, on adapta un chapeau de feutre. Dans une valise on plia tout un trousseau; et je fus confié aux soins de deux personnes que leurs intonations seules dénoncèrent pour des femmes, leur costume ne les différenciant pas des hommes, non plus que leurs cheveux coupés en rond jusqu'aux oreilles et rabattus sur le front comme ceux des pages au quatorzième siècle.

En vain je demandai la permission d'emporter ma boîte à cigares. Mes gardiennes déclarèrent que l'alcool et le tabac n'avaient point droit de cité dans le pays. Je ressens un malaise de cette privation.

Le train qui nous conduisit d'Amphitrite à Minerve, en six heures, marche avec une rapidité vingt-cinq ou trente fois plus grande que celle de nos express. Les wagons sont des salles vastes, munies de larges baies de verre où défile toute la perspective du pays équatorial embu de vapeurs lourdes qui émanent des régions marécageuses. Des divans profonds garnissent les parois. Le système d'éclairage et de chauffage par les plaques rougies à l'électricité rend confortables les heures. Aux gares, les gens montent sans contrôle. Ils sont vêtus de façon pareille. Ils parlent très peu ; s'entendent par signes ; ils semblent recueillis, graves. Les femmes sont virilisées presque entièrement. Les mains dans les poches de l'habit, les jambes croisées, elles rêvent. De temps à autre la voix du phonographe annonce une nouvelle ; le conducteur du train prenant à chaque gare une série de plaques qu'il glisse dans l'appareil. Comme à Londres, les femmes et les hommes ne semblent pas se désirer. Ils ne se déshabillent point du regard. Leurs yeux ne marquent pas de connivences. Les femmes mettent plus de sucre dans leur tasse à thé ; les hommes crachent dans leurs mouchoirs avec plus de bruit. Ni distinction de gestes, ni grossièreté de manières ne placent en évidence l'une ou l'autre. Egaux par l'éducation, aussi bien que par l'habit, on ne peut dire s'il est parmi eux des inférieurs. Le fort s'efface devant le faible, le grand devant le petit, l'homme devant la femme. C'est tout.

Au conducteur du train, aux employées, personne ne parle avec impatience, mais plutôt en utilisant des formules de politesse très humbles. Mes compagnes, lors du dîner, aidèrent la fille de service par une complaisance toute fraternelle ; et celle-ci les traita familièrement, leur dit des choses drôles. Mes manières différentes parurent choquer autour de moi, surtout lorsque je priai la fille de ramasser la serviette. Elle rougit extrêmement, m'obéit et se détourna non sans évidence de son mépris, de son indignation. Mes compagnes m'excusèrent sur ma qualité d'étranger.

On ne voit ni gros, ni maigres, ni infirmes, ni vieillards trop âgés, ni enfants trop jeunes, ni mères accompagnées de progéniture remuante, ni malades toussoteux et hâves. Comme je m'en étonnai, les viriles compagnes me renseignèrent.

Elles dirent que les premiers efforts de Jérôme le Fondateur, visèrent l'installation des gymnases. A peine eût-il refoulé les tribus malaises et découvert sur le Haut-

Plateau les espaces fertiles, sains ; à peine les eût-il protégés d'un circuit de forts, qu'il fit construire sur les bords de la rivière Coti, neuf grands édifices de bois : la Maternité, la Nursery, l'Ecole, le Collège, le Lycée, l'Université, le Presbytère, l'Hôpital.

Séparés par des distances de trente kilomètres environ. ces bâtiments reçurent aussitôt leurs pensionnaires.

Chaque femme reconnue enceinte fut conduite à la Maternité. Des soins de toutes sortes la comblèrent. On lui réserva les meilleurs gibiers des chasses, les plus belles étoffes, les sièges les plus commodes, tous les honneurs. Rien de cela n'a disparu des mœurs depuis cinquante ans. La mère reste par dessus tout le personnage sacré. A la place des primitives bâtisses en bois, des palais s'élèvent, remplis de statues, de tableaux. Elle y vit, dispensée de travail pendant la période entière de la grossesse, celle de l'allaitement, et de la première éducation. Pour elle, des cuisiniers chinois d'une science considérable préparent les festins ; des chœurs de jeunes filles chantent et font de la musique ; les meilleures troupes d'acteurs représentent les chefs-d'œuvre des littératures connues ; des jardiniers complètent de merveilleux parterres, les allées de parcs infinis.

— C'est, me dit la compagne, une année de triomphe royal. On n'accorde rien de pareil à nos inventeurs ni à nos médecins, qui sont cependant honorés à l'instar des empereurs historiques. Jérôme le Fondateur a jugé que rien n'est plus beau que produire un être pensant. Vous verrez sans doute défiler les cortèges de matrones dans leurs litières faites d'ivoire et d'argent. La loi oblige à se prosterner devant elles. Nos héros, nos inventeurs, nos docteurs, se vautrent dans la boue à leur passage, tandis qu'un sénéchal ou le dictateur lui-même ne sont pas salués de la foule qui s'affirme leur égale.

— Avez-vous déjà joui de ces honneurs, demandai-je.

— Deux fois, répondit-elle ; à quatorze ans et demi et à vingt ans. Voyez, pour cela, je porte à la boutonnière deux plaques d'or.

— Et vos enfants ?

— J'eus de leurs nouvelles il y a dix jours. L'aînée qui compte aujourd'hui treize ans finit ses études chorégraphiques. On m'a montré de sa peinture. Elle collabore au grand tableau qui ornera le Temple du Fer. Ce tableau représente le triomphe de nos nefs aériennes, le jour où elles purent enfin prendre essor, après quinze années de tentatives infructueuses. En ce moment ma fille doit être dans la campagne pour les semailles d'automne. Le labeur physique lui fait grand bien. L'an dernier, après le sarclage des betteraves, elle s'est vue définitivement débarrassée de ses migraines... Je compte bien que les docteurs la jugeront assez forte pour être transférée dans la ville de Diane, l'an prochain. Car il vaut mieux approcher le mâle de bonne heure. On évite ainsi l'épuisement des imaginations inassouvies.

Je savais que la famille et le mariage n'existaient plus parmi cette nation ; cependant j'eus beaucoup de peine à entendre discourir ainsi cette jeune mère, qui, les jambes croisées, et les mains frêles, choisissait des pastilles pour sa bouche. Elle reprit :

— Mon second, un fils, a huit ans. Il semble un peu en retard, pour son âge. Je crois bien que c'est ma faute. Son père, autant que je le puis établir, était un pauvre vieillard venu, jeune, de France, avec l'exode de Jérôme le Fondateur. Encore victime de vos illusions sur le sentiment, il m'aima, comme vous dites. J'étais alors une gaillarde de vingt années. Il parut si malheureux, que je ne lui refusai pas mon corps. Il faut compatir, n'est-ce pas, à toutes les faiblesses. J'imaginais que sa semence serait infertile. Le contraire arriva. L'enfant paraît chétif, un peu imbécile. On a dû l'inscrire dans la section des instituteurs. On le gavera par des procédés mnémotechniques, de grammaire, d'histoire, de géographie; et il passera sans doute sa vie à réciter cela dans les phonographes scolaires.

— Et maintenant, dis-je, n'espérez-vous pas une autre maternité ?

— Vous pensez qu'en ce pays, l'espoir de bien des femmes est la grossesse. Il y en a d'heureuses qui ne passent pas dix mois hors du Palais des Mères. Tout baiser les féconde. Mais pour le plus grand nombre, la facilité de l'amour les rend bréhaignes. Ainsi, moi, je fus prise à quatorze ans, après la deuxième embrassade. Il en arrive de même à la plupart. Les conditions de ces premières rencontres sont si spéciales ! A la sortie de l'Université, quand nous sommes vraiment femmes, on nous transfère dans la ville de Diane. Là nous habitons les palais des Vierges. Tout le jour nous répétons des danses ; nous essayons de somptueux costumes propres à faire saillir notre beauté ; nous écoutons les phonographes réciter des poèmes et des contes érotiques. Au bout de quelques semaines on donne une grande fête à laquelle sont conviés des mâles de trente ans, élus comme les beaux et les robustes. Ils viennent là en maillots de soie. Le matin il y a un service dans la Basilique. Les archevêques défilent à la tête des processions. On s'enivre d'encens et du son des orgues. Ensuite c'est le cortège admirable des Mères qui passent en litières à grands pans d'étoffes précieuses. Un festin réunit les sexes. Ils s'assortissent. Après cela, revêtues du costume de ballet, les vierges dansent devant l'assemblée des hommes certaines danses très belles, longues, pour lesquelles on nous éduque dès l'âge de six ans, au collège, pour lesquelles on nous perfectionne au lycée et au gymnase. Les danses finies, chacune accepte un breuvage qui enivre, et va s'étendre dans sa loge parmi les fleurs, sur des coussins. L'homme entre. Deux semaines on se livre à la reproduction, soit avec le même mâle, soit avec un autre, plusieurs. Les fêtes se prolongent. Presque toutes, le mois suivant, se trouvent mères, et quittent la ville de Diane.

— Elles n'y retournent jamais?

— Jamais. Il y a une autre ville : Vénus. Il s'y passe des cérémonies semblables, pour celles qui sortent du Palais des Mères, après le sevrage de leur petit. Sans doute vous assisterez à l'une de ces Fêtes de la Reproduction... Auparavant, nous aurons la grande fête de la Locomotion, au Temple du Fer, dans la ville qu'on nomme Vulcain. Elle marque tous les printemps, l'anniversaire du jour où, pour la première fois, les nefs aériennes purent se soutenir dans la transparence de l'espace. Une semaine après, c'est la fête de la Nutrition, la fête de la Terre, un peu avant la saison des pluies. Ces trois grandes fêtes marquent, pour notre calendrier, la fin du travail annuel ; à l'époque de votre solstice d'Hiver.

— Mais, repris-je, excité par la description des fêtes de Diane, en dehors des cérémonies amoureuses dont vous me parlez, le goût des choses passionnelles ne séduit-il pas les âmes ?

— Le goût de ce passe-temps a perdu bien de son prestige si vous le considérez avec vos illusions d'Europe. Ici, une femme ne refuse pas plus à un homme sa chair, que chez vous elle ne refuse de rendre un salut. C'est une politesse que nous octroyons bien gracieusement, et sans y attacher d'autre importance.

— Mais si un vieillard vous sollicite, ou un homme déplaisant ?

— D'abord les vieillards vivent dans les Presbytères, pour la plupart. On y entre dès l'âge de quarante ans. Les difformes ne fréquentent pas au milieu des beaux ni des sains. Ils habitent certains lieux voués à leur détresse. Donc nous ne rencontrons que des personnages de figure et de taille admissibles. Et puis, pour accomplir cette fonction toute simple, nous n'avons pas besoin de tant de choix ou d'ambages. Rien dans les lois ni dans les habitudes ne contrarie l'exercice d'un instinct utile à l'expansion de la race. On se reproduit quand on a l'envie, et avec qui vous le propose, comme on mange en face du passant, au réfectoire du train, où l'on se promène dans la voiture d'un mécanicien quelconque.

— Et l'idéal! fis-je.

Mes deux compagnes sourirent.

Je les considérai. Brunes, évidemment empreintes du sang de Malaisie, elles avaient des yeux languides, sous de grands cils, et des paupières mates, des attaches fines. Leur nez légèrement aplati ne déparait point le sens triste du visage barré de bouches saigneuses. Aux plis des vestes de soie, leurs gorges libres ne disparaissaient pas tant qu'on ne les devinât solides et pleines. Elles avaient aussi des hanches larges sous les vastes basques de l'habit, et, dans les guêtres, de sveltes mollets, des pieds pointus. La plus loquace des deux se nommait Théa, et l'autre, qui jusqu'alors n'avait rien dit que par sourires, s'appelait Pythie. Bien qu'elle fût plus jeune, trois médailles indiquaient le nombre de ses enfants. Je la complimentai sur la grâce de sa taille, après plusieurs couches.

— C'est aux doctoresses, répondit-elle, de recevoir ces flatteries. L'art de l'obstétrique est parvenu à une haute perfection ; car les plus grandes récompenses sont réservées à ceux et à celles qui découvrent les moyens d'embellir et d'ennoblir la maternité.

— Quelles récompenses ?

— L'exemption de travail, pour un, deux, trois ans, pour la vie. Ainsi, trois fois mère je suis dispensée de travail pour neuf années. Je ne vous accompagne point par fonction, mais par amitié envers Théa, afin d'aider sa tâche. Au reste, je me déclare doublement heureuse de cette amitié qui m'offre la joie de vous connaître, Monsieur.

Je saluai. Cette Pythie sembla très charmante. Elle feignit même de me lancer une œillade. Quelque chose comme un rai d'or fauve borda sa prunelle, illumina ses cils épais. Je regardai les globes de sa poitrine assez fixement. Elle s'en aperçut, sourit, et se tournant vers moi, elle déboutonna sa veste, de telle sorte que j'aperçus une peau brune que la respiration gonflait.

— Merci, murmurai-je.

— Cette gratitude est sincère, dit Théa dont la main s'insinuait, pour une constatation naturelle, vers l'endroit le plus ému de ma chair.

Je ressentis quelque honte, à ce geste non dissimulé. Mais les trois autres voyageurs du salon, ne semblèrent pas y prendre garde.

« A Lucine, deux enfants mâles viennent de naître. Bien constitués », cria en ce moment la voix aigre du phonographe; elle continua : « Quatre nefs sont parties pour la province de Cavite. Les troupes espagnoles ont été battues à Luçao. Nos alliés incendient les plantations d'Altavila, de Notre-Dame del Pilar... Le compte de la récolte est clos. Les réserves paraissent assez fournies pour qu'on puisse espérer une diminution de travail agraire de cinq heures à la semaine, pendant les travaux de l'an prochain... Le ıx⁹ groupe d'ingénieurs a terminé les expériences de la machine à souffler le verre. On pense que la fabrication des bouteilles cessera de nécessiter le souffle humain, dans six semaines... » Un coup de sifflet marqua la fin de la communication phonographique.

— Voilà une conquête heureuse sur la matière, dit à sa voisine, le voyageur assis en face de nous. Je m'en réjouis, car je souffle le verre depuis quatre ans et cela m'épuise un peu.

— Vous avez répondit-elle, des épaules larges qui dénotent des poumons capables de supporter cette fatigue.

— Certes, mais je m'accommoderai fort bien d'une autre besogne ; et je vous avoue que je profite avec joie de mon congé trimestriel.

— Vous allez à Minerve ?

— Oui, j'ai entrepris un travail fort attachant sur les variations des idiomes aryens. A Minerve seulement, les bibliothèques sont assez fournies pour me permettre de mener à bien cette curiosité.

— Comment pouvez-vous, Monsieur, demandai-je, réussir à vous intéresser à la philologie, tout en soufflant du verre.

— Mon Dieu, c'est facile. Ma section travaille de six heures du matin à midi. A quatre du soir je me suis promené suffisamment. Il faut bien tuer les heures jusqu'au coucher. Par chance, mes camarades ont des goûts à peu près pareils. L'un opère sur les langues chaldéennes, l'autre sur les égyptiennes, deux autres sur les celtiques. Nous avons ainsi un sujet commun pour grouper nos esprits et nos conversations.

— Monsieur est Européen, et visite la Dictature comme hôte du Conseil, dit Théa.

— Eh bien, Monsieur, je suis aise de vous souhaiter la bienvenue, reprit le souffleur de bouteilles. Le phonographe nous avait appris votre voyage. Je comprends qu'il vous étonne d'entendre de tels propos. Mais quoi? N'avez-vous pas le service militaire obligatoire, en Europe? Ne vous faut-il pas, à certains moments, faire le cavalier de 2ᵉ classe dans une caserne? Garde d'écurie, vous nettoyez les crottins, vous astiquez les selles et les brides, vous décrassez le cheval. Cela ne vous empêche point, le soir, de lire une revue littéraire. Nous faisons du service social pendant vingt années, comme vous faites du service militaire pendant trois années. Voilà tout. Ce n'est pas plus abrutissant, et l'art de Produire élève l'esprit tandis que l'art de Détruire l'abaisse. Tous les trimestres nous jouissons d'un congé de quinze jours. Je vais utiliser ce loisir à Minerve.

— Je vous admire, dis-je, un peu stupéfait.

— Ne m'admirez pas. Je suis un parmi des milliers d'humains. Pensez que dès l'âge de sept ans, au collège, j'ai appris, en même temps que mes déclinaisons latines, les mystères de la verrerie ; que j'ai su, le même mois, traduire Sophocle à livre ouvert, et souffler une bouteille de deux tiers de litre ; qu'au lycée j'ai appris la transformation calorique du sable en verre, les raisons chimiques et physiques de cette transformation, à l'époque même où l'on m'initiait au sanscrit, à la trigonométrie, et aux règles du canotage sur fleuve ; qu'au gymnase je connus l'histoire de l'industrie verrière concurremment à celle des philosophies, et à l'équitation ; qu'à l'Université les adaptations sociales du verre aux serres de culture, au pavage des intérieurs, à la construction des lentilles télescopiques me furent enseignées par les mêmes professeurs prêchant les principes de l'astronomie, les théorèmes de l'économie générale et la psychologie des foules, sans que, pour cela, il me fût permis de délaisser les écoles de tir, ni la manœuvre de la voile sur les fleuves, ni les initiations amoureuses que les jeunes mères rétablies dispensent aux adolescents dans notre ville de Vénus.

— Voilà une éducation complète !

— Heu, heu ! Ce n'est pas encore divin, mais, en cinquante ans, le pays est parvenu à installer dans les mœurs cette vérité, que le plaisir c'est Savoir, que l'honneur c'est Produire, que la honte c'est Détruire. Nous avons fait quelques pas.

— Ces dames reçurent-elles la même instruction ?

— Pas absolument, répondit Théa. Nos connaissances littéraires et esthétiques sont développées surtout au détriment des sciences pures. Nous savons peindre, sculpter, construire le plan d'un édifice, écrire une symphonie sans faute, jouer la comédie, la tragédie, danser selon les traditions antiques, et l'art du ballet moderne. Nous possédons mieux que les hommes plusieurs langues mortes. Les beaux arts nous sont dévolus.

— Apprenez-vous des métiers ?

— Oh, oui. Notre service social comprend la bureaucratie. Il n'y a point d'homme bureaucrate. Nous exerçons encore la direction de l'esthétique nationale. Les femmes composent le décor des villes, s'occupent aussi d'agriculture, de jardinage, selon leurs aptitudes.

— Mais, déclara Pythie, il y a beaucoup de fonctions mixtes où les hommes et les femmes rivalisent : la médecine, par exemple ; l'agriculture aussi, et le jardinage. L'un et l'autre se confondent. Nous sommes tisseuses, téléphonistes et télégraphistes. Il y a des hommes tisseurs, téléphonistes et télégraphistes. En étudiant la philologie, Monsieur empiète sur notre domaine ; et il ne serait interdit à aucune

d'entre nous de se préoccuper de mécanique
ou d'artillerie, encore que ces champs d'investigations soient plutôt réservés aux
hommes.

— Et la justice ? demandai-je.

— Chaque groupe de travail, répondit
Théa, juge la faute d'un de ses membres.
Le condamné peut en appeler au verdict
d'autres groupes. S'il est convaincu de
crime, on le punit.

— Quels sont les châtiments ?

— Il n'y en a qu'un. Il n'est qu'un crime :
contrevenir à la loi du travail. Que l'homme
tue ou qu'il refuse de travailler consciencieusement, le crime est le même, le châtiment pareil. On enrôle le condamné dans
un régiment, pour la vie. Ayant voulu détruire l'Harmonie sociale, il est voué à la
destruction et au meurtre perpétuellement.
Si les mères qui produisent la vie, sont
comblées d'honneur, les soldats sont comblés d'opprobre. On se détourne lorsqu'ils
passent.

— Ainsi vous punissez de même le vol
d'un pain et le meurtre de dix personnes ?

— Nul ne vole de pain. Celui qui a faim

entre dans un réfectoire et mange à son appétit, boit à sa soif, autant qu'il le veut, quarante fois par jour s'il lui plaît. Avec les moyens de la culture intensive, nous faisons rendre au territoire quatre fois et demie ce qu'il conviendrait pour étouffer de nourriture tout le peuple.

— En Europe, dit le souffleur de bouteilles, vous pourriez nourrir cinq fois votre population, si, au lieu de laisser vos rustres écorcher leurs champs misérables avec des instruments de sauvages, vous usiez de la culture commune, et des moyens scientifiques d'amender le sol, de labourer, d'ensemencer. Votre but n'est pas de nourrir, mais de posséder, de surproduire et de vendre. Ici, nous ne vendons rien ; nous consommons tout. Il n'y a pas de pauvre, ni de voleur de pain.

— Ni de voleur d'or, puisqu'il ne pourrait rien faire de l'or, nul ne pouvant acheter.

— Et s'il voulait en faire cadeau ?

— Personne ne peut rien posséder. Quand nos habits se salissent on nous les change. Notre linge même ne demeure pas entre nos mains ; et nous ne savons jamais si nous coucherons le soir dans la même chambre que la veille.

— Je soupçonne qu'un espionnage perpétuel vous guette.

— Oui, mais il ne nous incommode pas. Personne n'a rien à dissimuler. On porte, comme Bias, toute sa fortune sur son dos. Voudrait-on voler, s'il n'y a rien à voler, tout appartenant à tous.

— Quels sont donc les criminels ?

— Les colériques qui tuent ou tentent de tuer dans une querelle, ou injurient gravement le contradicteur. Les paresseux qui refusent le travail. Les contrebandiers qui essaient d'introduire de l'alcool ou du tabac. Voilà les criminels principaux. La masse de l'armée se compose de gens qui calomnièrent, injurièrent, ou firent violence à une femme.

— Et ces hommes armés, vous ne craignez pas leur révolte ?

— Non. Parce que sur leurs camps, sur leurs colonnes en marche plane toujours la nef aérienne et ses torpilles.

— Ce ne sont pas des soldats qui forment les équipages d'aéronautes ?

— Non, mais des savants.

La conversation tomba. Le train filait dans l'ombre humide de forêts infinies, avec cette vitesse folle obtenue, non par la vapeur ou l'électricité, mais par l'explosion continue du gaz détonant. Nous roulions sur un tonnerre assourdi.

Théa s'endormait. La nuit allait venir. Le souffleur de bouteilles tourna le piton des lumières qui s'obscurcirent ; et il s'arrangea pour le sommeil. Déjà des voisines respiraient plus fort. Pythie se rapprocha de ma fièvre, elle saisit ma main, et m'entraîna par le couloir à soufflets dans un autre compartiment du train. C'était une petite loge capitonnée de soie ponceau. Le tapis parut une chose moelleuse comme un édredon ; et il n'y avait pas d'autre siège.

— Vous devez, me dit-elle, avoir des trésors de fougue amoureuse, et ne pas être blasé comme les hommes d'ici dont nos corps ne séduisent plus la satiété.

Sans autres précautions oratoires elle éleva ses lèvres vers mes lèvres : la vipère de sa langue glissa entre mes dents. Ses mains habiles et pleines d'intentions me dévêtirent à demi. L'effet de sa caresse se manifesta ; elle frémit de toute l'échine à s'en apercevoir.

Ainsi je gagnai la ville de Minerve, en quelques heures voluptueuses.

LETTRE III

Minerve, Septembre 1896.
Palais des Voyageurs.

Mon cher ami,

Rien, parmi les impressions qui m'assaillent ici, ne m'étonne plus que la déviation des idées socialistes. Le principe de la liberté semble avoir été nié tout d'abord à la descente même de Jérôme le Fondateur en ce pays. Militairement et tyranniquement il mena les révolutionnaires à leur idéal. Au reste il suffit de considérer ses statues, où il apparaît en attitude martiale, les guêtres jusqu'aux genoux, les cheveux en coup de vent, les favoris rudes et courts, les sourcils joints, la lèvre mauvaise et rasée. Sous le plastron de sa redingote à jupe plissée, une poitrine maigre justifie les plis du bronze. Un geste historique lance sur l'espace la première poignée des semailles. L'autre poing serre comme une arme le manche de la charrue. Les pieds s'enfoncent dans le sol. A l'ombre d'arcades sourcilières très creuses, les yeux, petits, visent. Le nez lourd surplombe la fente de la bouche ricaneuse. Ces caractères de l'effigie désignent assez la rudesse de l'âme.

Son œuvre, aux premiers temps, fut d'ailleurs toute guerrière. Les tribus malaises s'inquiétaient de ces hommes venus, sans marchandises, depuis la côte chinoise où les avaient laissés les bâtiments à voile du commerce britannique. A peine hors des jonques qui les débarquèrent, ils connurent la traîtrise des embuscades, pendant les longues marches ténébreuses dans l'humidité des forêts. Cinq ans, il fallut, étape par étape, se frayer passage, remonter le cours de fleuves nouveaux qui, par de soudaines inondations noyaient les camps provisoires ; et ces hommes fuyant l'Europe par haine de l'injustice, de la guerre sociale, trouvèrent, au seuil du paradis attendu, les batailles, puis les cruautés de supplices asiatiques pour les prisonniers et les traînards.

L'imminence du péril contraignit donc à la plus stricte discipline ces libertaires. Autour d'eux rôdait la sanction de la mort. Il fallut oublier toutes les revendications, tous les espoirs d'individualité solitaire. Quand on eût conquis les hauts plateaux, établi la défense des accès, découvert enfin un pays salubre, des eaux propices, des gisements de houille et de métal, un humus fertile et battu les épis de la première moisson, ce sens d'obéir occupait la raison de tous. Jérôme n'eut qu'à promulguer ses lois.

Ce fils de maquignon picard eût-il couvé la vulgaire ambition des généraux, et nourri le sot désir de rentrer, triomphateur, à Paris, rien ne lui eût été moins difficile. Il ne souhaita point ce misérable privilège. Au contraire, lors de l'expédition française en Chine, il édicta des décrets sévères interdisant toute imprudence capable de révéler l'empire mystérieux et déjà prospère. Telle fut son autorité, que nul ne transgressa les prescriptions ni ne tenta le retour en Europe, spontanément. Des émissaires y furent envoyés à bien des reprises pour les intérêts publics, sans que leur parole trahît le secret.

Peut-être le climat d'Asie favorable pendant le cours des histoires, au succès des autocraties absolues, modifia-t-il le caractère des pionniers ; peut-être l'infiltration des races autochtones sut-elle insinuer aux conquérants le respect du destin qui impose la volonté d'un roi à des millions d'hommes. Il persiste en tous cas, aux yeux et aux allures des êtres une singulière langueur. Leurs paupières semblent alourdies par la résignation ; leur sourire erre avec indulgence et scepticisme. Peu de choses les émeuvent. Que les gens, dans la rue, s'accouplent sur les divans de pierre installés au fond des arcades bornant les nombreux squares à vasques et à jets d'eau ; que, même, l'élan d'un haut tramway coupe en deux le corps d'une personne imprudente, cela ne suffit point à les détourner beaucoup du rêve intérieur. Une expression de dédain s'esquisse à peine sur leurs visages, pour le premier spectacle ; et, pour le second, leur moue marque plus de dégoût procuré par le gâchis sanglant que de commisération envers la victime.

Je ne puis vous dire à quel point ce caractère agace nos impétueuses habitudes de participer à toutes les manifestations de l'existence chez autrui. Théa et Pythie, mes compagnes finissent par me désoler. Je me sens prêt à les haïr. Si je leur parle de nos arts, de notre politique, elles m'écoutent sans répondre, évidemment ennuyées. A mes demandes elles ne manquent pas de satisfaire, mais sans que leur verbe s'anime pour exalter la merveille de leurs inventions, ou pour en dénigrer les abus. Elles ne s'enchantent pas de franchir avec tant de célérité l'étendue, ni de jouir des très beaux décors que font les villes. Elles ne se plaignent pas de cette vie tout ouverte qui les oblige à quitter leurs habits à la porte de la piscine précédant les salles de repas, pour en revêtir d'autres, de nouveaux, d'inconnus, imposés par l'administration. Tout leur venant à point, le sens de la lutte s'est perdu. Elles ne désirent rien avec assez de violence pour agir dans un espoir. La vie leur semble dénuée de valeur. Naguère je risquai la chute mortelle au sortir d'un ascenseur. Cela ne les fit point sourciller même. Bien que les rapports intimes de la sexualité me lient à l'une et à l'autre, maintenant, elles ne me confient pas de leurs gaietés ou de leurs craintes. Nous demeurons aussi étrangers qu'à la deuxième heure de la rencontre. Ici, chacun reste un passant pour chacun.

Figurez-vous que cette Pythie me passionne presque. Le charme intelligent de son silence, les cruautés de sa débauche et la supériorité de son mépris m'éblouirent. Son corps fatigué dégage des odeurs qui étourdissent. Il vous enlace de douceurs, de tiédeurs. Elle lit à vos yeux toutes les convoitises secrètes. Théa et moi sommes sans mystère devant elle. La parole cesse-t-elle, quelques instants, de fleurir nos lèvres, Pythie se met tout à coup à rire de ce que nous pensons, et nous décrit cette pensée dont elle peut se divertir. Rarement elle se trompe. Nous nous estimons inférieurs, à toute minute. Elle le voit trop pour tenter par ses allures de nous le faire sentir.

Avant la triple maternité qui l'exempte de service social, Pythie enseignait l'histoire aux jeunes filles du gymnase de Minerve. Sa mémoire connaît tous les travaux des érudits, les compilations des diplomates, les secrets des archives, les anecdotes des annalistes, les causes sentimentales des guerres, les vertus et les faiblesses des cités. Lorsqu'elle se décide à parler, elle découvre l'origine, le développement, l'apogée et la décadence d'une idée sociale s'exprimant par les actions des peuples, de siècle en siècle. Elle suit cette idée dans ses voyages. Elle la montre partie d'Orient pour l'Occident avec les migrations des races, puis revenue, grandie, de l'Atlantique vers la Chine avec le nouvel afflux européen qui recommence les migrations du cycle de Ram. Sa voix généralise les efforts de l'âme planétaire qui a pour organisme vital les peuples, et pour unité de cellule cérébrale, la personne humaine. Pythie ne s'attarde point à compter les exploits des conquérants ou les amours des rois, comme nos professeurs d'Europe. Elle vise à de plus hautes tâches.

Quand je l'écoute je comprends la supériorité dévolue, par cinquante années d'une pareille éducation, à l'âge fort de ce jeune peuple.

Minerve est la ville des bureaucraties et des bibliothèques, de l'imprimerie. Les écoles, les collèges, les lycées et les gymnases féminins occupent des bourgs à des distances environnant la ville sur un circuit de vingt-cinq ou trente kilomètres. C'est encore la ville des ministères et des administrations. A une lieue de son enceinte au milieu d'une forêt très belle, éclaircie par la hache et la dynamite, l'Université dresse ses monuments somptueux, au bout d'allées d'eaux et de charmilles sévères.

L'élément mâle se présente en petit nombre dans la cité. Il se compose d'inventeurs ou de travailleurs en congé qui viennent dans les bibliothèques parfaire leur connaissance des indications scientifiques. Aussi le Palais des Voyageurs est-il de vastes proportions. Les femmes des bureaux emplissent les avenues de leurs vastes habits noirs, de leurs cravates blanches, de leurs feutres durs. A toutes les fenêtres des hauts édifices on les voit traverser l'intérieur, des papiers à la main.

Par groupes, elles jouissent du soleil sous les arcades de fer élancé qui couvrent les serres précédant les édifices du Laboratoire.

Contre les pluies trop fréquentes ces serres protègent des fleurs hypertrophiques, d'inconcevables orchidées, des chrysanthèmes monstrueux, et de délicates graminées aussi ; des corolles qu'on croirait les ailes folles d'oiseaux minuscules. Aux sentes de sable écarlate, les dames se promènent, sans rires ni éclats de voix, les yeux battus, deux à deux.

Dans les réfectoires publics, elles mangent avec plaisir, mais hâtives. Ce sont de vastes serres encore, pleines de fleurs et d'arbustes et sablées d'écarlate. Les tables occupent des sortes de bosquets. Elles sont à deux, à trois, à dix et à vingt couverts. Par ce plafond de verre jaune et rouge, le jour se répand, traversé de velums blancs. Des orgues mécaniques chantent dans les sous-sols ; et leurs grandes voix se développent à travers les séries de sveltes colonnes métalliques à revêtements de faïence où paradent des oiseaux émaillés.

Il y a toujours du silence, des sourires, un murmure, point de propos bruyants. La franchise de la lumière laisse paraître aux figures des femmes toutes les petites flétrissures de l'âge, d'autant que nulle ne semble user de fards ni de cosmétiques. Leurs cheveux raides, gonflés par des eaux hygiéniques, enodorent assez finement. Mais les tannes déparent leurs peaux rudes et sombres. Peu de blondes subsistèrent aux mélanges des races durant trois générations ; mais il se rencontre des Chinoises avérées, aux yeux malicieux, aux gestes mièvres, à la petite taille ; des Malaises lentes et sournoises. Ce monde s'étire avec nonchalance dans de larges fauteuils de bambou et de joncs tressés. Les domestiques mâles ou femelles ne se distinguent pas des dîneuses au moyen du costume. Ils apportent les mets dans des terrines closes, la boisson dans des cruches simples. On boit, au cristal des coupes, certaine eau miellée et des bières capiteuses, du thé froid, des sorbets fondants. Dans une vaisselle de métal pareil à l'or, on mange des pâtés exquis, des chairs froides, des gelées, des volailles. Pour éviter l'odeur des sauces, les cuisines n'apprêtent rien de chaud. Du reste les narines de ce peuple sont devenues fort susceptibles. Personne ne souffre la moindre émanation. Les effluves de grillades et de rôtis qui nous réjouissent leur donneraient mal au cœur. Mais on se partage avec appétit des salades, des tomates, des piments, et une grande variété de fruits que le climat favorise sur les espaliers. Point de légumes cuits. Ces pâtés, ces volailles, ces rosbifs sont donc servis en terrine par les « commis à la bouche ». Loin des villes au fond de fermes isolées, une classe décriée de gens prépare et cuisine ces victuailles. Les soldats font le service des abattoirs dont ne se chargeraient pas les honnêtes personnes. Les cuisines, à ce que j'ai compris, sont des sortes de prisons pour femmes.

Au-dessus du restaurant, dans les étages élevés, des machinismes simples et rapides pincent les assiettes, les présentent à des jets d'eau bouillante, les font tourner vivement dessous, les glissent dans les fours séchoirs, d'où elles ressortent nettes et claires, beau métal pareil à l'or. Deux surveillantes appuient sur des leviers à manches de porcelaine, sur des boutons, et, automatiquement, le nettoyage de plusieurs centaines de plats s'accomplit en moins d'une heure sans salir l'ongle d'une seule servante. Ah, me voici loin de notre famille européenne, de son foyer, de la bonne odeur de la soupe et de nos relaveuses. Finie l'existence modeste et simple, un peu crasseuse, de notre vieux monde. Ici les serveurs nous reçoivent en camarades polis. Il n'est point permis de leur adresser directement une observation qui les offenserait. On écrit sur un papier le choix du menu, et sa réclamation contre la souillure du cristal.

Le soir, les groupes de travail se visitent dans les théâtres.

N'imaginez point que ces théâtres ressemblent aux nôtres. Immenses édifices à coupoles et à souterrains, ils tiennent du jardin d'hiver, de la salle de bal et du lupanar. Le principal, à Minerve, possède une façade en porcelaine fort artistement émaillée de grappes de femmes et d'hommes qui semblent se précipiter du ciel. Cela se rapproche du Jugement Dernier que créa Michel-Ange. Chacune des figures représente la passion d'un type dû à la littérature des nations; et ils tombent, semble-t-il, à travers les profondeurs étoilées du firmament, le long de cette énorme façade luisante qu'aucune fenêtre ne troue. C'est un miracle d'art fort admiré ici-même où les belles œuvres ne manquent pas. Dix-huit jeunes femmes le composèrent dans les ateliers décorateurs de la ville de Diane. Trois ans passèrent à l'exécuter.

Avec Pythie et Théa j'entrai, vers le crépuscule, par la porte basse et large du lieu, dans un vestibule en mosaïque de fer et d'argent. Des gestes indicateurs nous séparèrent, pour le bain qui précède toute action importante, en cet hygiénique pays. Un Chinois m'introduisit dans une chambre circulaire où un mètre et demi d'eau tiède couvrait les faïences bleues du parquet. Savonné, massé, les cheveux et la barbe égalisés par le ciseau, enduit de parfums, je fus en outre couronné, comme les effigies de César, avec des bandelettes pourpres et une double palme. Le serviteur m'adapta des bottines de souple soie rouge lacées jusque mi-cuisses, et me passa une sorte de chlamyde bleuâtre à raies noires, qu'une ceinture de brocart colla sur ma taille. Prévenu par mes compagnes, je ne m'étonnai pas de cet affublement de fête.

L'instant d'après, je fus au seuil d'un édifice plus haut que les plus hautes cathédrales gothiques. Les haies des colonnes jaillies soutiennent sur les palmes de leurs chapiteaux cinq coupoles de verre orangé. La voix d'orchestres invisibles montait du sol. Une joyeuse lumière s'épanouissait à travers des velums roses et verts teintait une foule vêtue comme moi de chlamydes en tissus changeants, de hautes bottines rouges à semelle mince et sourde, coiffée comme moi d'une double palme impériale, parfumée comme moi d'odeurs fines et pénétrantes. Les poitrines nues de Théa et de Pythie, de mille autres femmes tremblaient à leurs pas, sous la transparence de l'étoffe. On se sentait la chair près de la chair, l'odeur dans l'odeur. D'énervantes musiques se perpétuèrent, couvrant le bruit des jets d'eau qui creusaient les mares des vasques, entre les colonnes. Des divans couverts de fourrures, des tapis de laines colorées, des coussins de soie accueillirent les attitudes de tous. Avec de jolis cris, cent oiseaux lâchés parcoururent la nef, volèrent aux verdures hérissées contre les murailles. Un murmure de joie frémit dans l'assistance. Des yeux de femmes se répondirent. Beaucoup se couchèrent, en s'enlaçant, les lèvres aux lèvres; et alors, devant nous, une fresque représentant le cortège de Bacchus, s'abîma sous les dalles de turquoise. La scène parut.

Son décor prolongeait des perspectives agrestes, jusque vers un paysage de montagnes dorées, jusque vers une ligne marine d'eaux violettes, évoquant une heureuse plage de l'Hellade. Des cytises bordaient un ruisseau. Des chèvres broutaient les lauriers-roses. Un satyre aux poils argentés souffla dans la flûte de Pan une mélodie qui répéta le rire du ruisseau, les propos du vent, la querelle des fauvettes.

C'était un vieux faune. Sa barbe en boucles

grisonnait comme sa chevelure crépue percée de deux cornes d'or; et le pelage de son estomac était un peu plus noir. Virtuose extraordinaire, il souffla dans cette flûte à sept trous le chant de la nature totale. Des soupirs ravis révélèrent autour de moi, le bonheur de l'auditoire. On faisait avec lui un long voyage. On affrontait la tempête dans la montagne. On descendait contre la cascade, par un chemin de cailloux sonores. On rencontrait les bêtes, le froufrou de leurs fuites entre les arbustes, la galopade du troupeau. L'aigle cria sur nos têtes; ensuite il y eut des voix plus familières, celles des pinsons et des coucous, les caresses de la brise dans les feuillages légers, le trot du cheval, la course de l'homme. Plus tard l'eau du fleuve clapota contre les berges, des cris d'enfants s'appelèrent; puis des voix confuses de vierges, de femmes jeunes, de matrones, de vieilles... Du silence à nouveau; la chute d'une pomme dans l'herbe; l'essor de colombes...

A cet instant, la timidité d'une nymphe écarta le buisson. Elle inspecta la scène, et n'aperçut point le faune qui s'accroupit traîtreusement derrière le laurier. Ballerine, la nymphe, à pas menus entre, écoute. La flûte reprend la querelle des fauvettes. Une seconde nymphe franchit le buisson, une troisième, cinq, vingt ; et les voici écoutant la dispute des oiseaux.

Je ne vous retracerai pas, mon cher ami, les phases du spectacle. Imaginez cette immense scène, peu à peu remplie par des quadrilles de danseuses en maillot collant contre leur nudité. Le cortège trace des figures merveilleuses. Le faune reprend sur sa flûte la symphonie du début amplifiée par tous les moyens d'un puissant orchestre invisible. Avec un art savant, les danseuses deviennent elles-mêmes les forces naturelles qu'il chante. Elles filent comme les nuées sous le vent, elles s'unissent et imitent l'eau, avec la houle de leurs hanches, de leurs gorges. Elles sont la cascade et la rivière ; puis les biches du troupeau effaré, puis les enfants, les filles, les femmes ; des voix au bord du fleuve.

Soudain le faune surgit ; les nymphes fuient, reviennent, l'entourent. Un dialogue s'engage. Lui montre la puissance de son art

avec lequel il pourrait, aveugle et sans mobilité, visiter cependant, par suggestion, les plus beaux aspects du monde. Voilà que de sa flûte il tire le son d'un baiser. Elles rient, elles frissonnent. Elles lui représentent qu'il est trop vieux, trop laid. Il veut en étreindre une. Les autres la dérobent à ce désir. Alors, il reprend sa flûte et en tire l'imitation de ce que l'amour a de baisers sonnants, de murmures, de rires énervés, de soupirs, de râles, de hoquets et de cris. A l'entendre les nymphes d'abord se moquent, puis s'étonnent, puis s'exaspèrent. Une embrasse l'autre ; et commence une autre phase du ballet, où les corps s'étreignent, se roulent, où la passion s'assouvit dans les postures. D'autres faunes se ruent. La priapée folle se noue, pleine de mots gais, de réparties savantes et fines. Ces nymphes et ces faunes connaissent la raison du monde. Ils prévoient l'effort ridicule des peuples qui leur succéderont sur la terre d'Hellé. De leurs amours les hommes vont naître qui abandonneront la joie de la nature pour dominer ou servir...
Le deuxième acte présenta un cirque de rochers, l'homme fauve, le chef de horde, qui

rentre amenant ses prisonniers, des faibles : adolescents, femmes, vieillards. Avec sa hache sanglante, il oblige les vieillards à réparer ses armes, les femmes à satisfaire sa luxure, les adolescents à bâtir pour lui. Il fonde la famille en tuant qui résiste ; et, quand il part, ayant retiré l'arbre qui sert de pont pour franchir l'abîme, un chœur de lamentations s'éplore.

Le troisième acte montre le repaire du héros, vers le sommet d'une colline que les serfs labourent, en haillons. Vêtu de son armure, le faune, l'homme, est assis sous le chêne de justice, et s'appuie sur son glaive. A genoux, le vaincu lui fait hommage, et, pour sceller la paix, donne en épousailles sa fille, de l'or, des chevaux, des châsses d'argent, des armes, dot et butin. Esclave, la femme ment, trompe. Le serf pêche avec la châtelaine.

Aux actes suivants, tous les avatars de l'amour sont représentés, d'époques en époques, de race en race. Œdipe erre. Othello étrangle Desdémone. Roméo et Juliette se chérissent. Antony poignarde. Armé de la religion et de la loi, le mari remplace le chef de horde, l'homme fauve, et sans moins de férocité.

Ainsi le spectacle se poursuit, traversant la série des siècles. Les scènes d'amour y sont mimées chaque fois jusqu'à la réalité la plus humble du dénouement; et cela finit par le retour du faune et de son cortège de nymphes. Il reprend sa flûte. Il rappelle les cris entendus dans les affres de la passion éternelle. Il dit les actes du monde s'enroulant et se déroulant autour du Phallos divin, et le ballet recommence, que complètent des tableaux vivants d'un érotisme féerique.

D'autres pièces que j'ai vues résument ainsi la passion à travers les âges. Cela justifie des décors merveilleux et divers, d'acte en acte, des façons multiples de dialogue, des études de mœurs hétérogènes. Un drame se passant, comme chez nous, selon les unités de temps et de lieu ne plairait pas. L'esprit bien plus synthétique de la foule aime cette négation du temps, et cette recherche de la tranformation d'une idée, d'un instinct au cours des sociétés successives. Cela contient de la féerie, du drame lyrique, de la comédie sentimentale, de la farce, des priapées et de somptueuses danses.

Ce fut après l'un de ces spectacles que je constatai la force de mon inclination à l'égard de Pythie. Comme la foule remuait, se regardait, se saluait à l'éclat des mille fleurs électriques tout à coup en incendie sur les arbres de fer qui forment la végétation fabuleuse des colonnes, un homme s'approcha d'elle, le sourire dans la barbe. Elle le reconnut; ils se tendirent la main; elle lui fit place au long d'elle sur la fourrure du divan. Ils ne tardèrent pas à rire en chuchotant, et il fallut bien prévoir, aux baisers qu'ils prolongèrent les yeux clos, des intimités prochaines. Sans doute l'altération de mon visage avertit Théa de ma peine. Elle me dit de la suivre jusque les salles souterraine. où la fête continuait. J'obéis, non sans me retourner encore, avant de descendre, pour savourer la douleur de voir la barbe dorée de l'intrus contre le visage de Pythie, sa couronne de palmes unie à la couronne de palmes, et sa forte musculature empreinte aux douceurs des lignes onduleuses. Une angoisse physique m'abîma le corps. Je respirai mal. Dans la main de Théa la mienne s'amollit. Les veines gonflèrent à mes tempes.

Je ressaisis très lentement mon énergie qui fuyait. A cette minute, mon cher ami, je me rappelai ce que vous m'avez dit à Biarritz sur la torture passionnelle. Oui, la douleur de se voir abandonné cause un mal physique. Ce n'est pas seulement notre orgueil qui pleure, ce sont nos fibres, nos os, notre sang. Je le sentis alors, et je m'épouvantai de mon état.

Elle me rasséréna peu, la contemplation des salles souterraines. Leurs murs de miroirs semblent éclairés par des fleurs versicolores dont les pistils sont des feux lumineux. Je vis sans joie les femmes et les hommes se blottir au fond des loges sombres, sur l'ouverture desquelles retombaient les plis de toiles peintes. Je goûtai d'une lèvre fade les breuvages d'or que des enfants chinoises versèrent dans les coupes. Le délire fringant des musiques frappa mon oreille de sons inutiles. Bien que j'eusse consenti à ces voluptés, les caresses tour à tour bestiales, légères, énervantes d'une femme à la gorge roide et aux mains crispées, si elles secouèrent mon corps de spasmes imprévus et firent crier ma bouche, n'effacèrent pas l'image de Pythie aux bras de l'autre, ni la colère que me laissait son indifférence. En vain Théa me fit boire les lèvres d'une Malaise serpentine et les seins d'une grasse Chinoise, en vain elle enveloppa mes reins avec l'étreinte d'une blonde fleurant la tiédeur du lait. J'y gagnai la fatigue du corps sans obtenir la lassitude de mon angoisse.

Nous quittâmes les matelas de soie violette qui garnissaient la loge, et nous restâmes sous la tenture levée. Derrière nous à la lueur de la veilleuse rouge, la blonde épuisée de plaisir sommeilla. Les salles octogones convergeaient, de leurs murs en miroirs, jusqu'au carrefour où nous nous tenions. Ivres de cette liqueur d'or dont nous avions bu, aphrodisiaque certain, les femmes coururent en farandole, les seins tremblants, nues jusque la ceinture qui retenait leurs chlamydes roulées. Vers le signe des hommes, trop peu nombreux, elles se glissaient sous les portières des loges ouvertes aux angles des salles octogones. Des glaces multipliaient les rires vermeils de leurs bouches, l'éclat de leurs de v...es, les gestes blancs ou bruns de leurs bras, les danses rythmiques de leurs jambes en bas écarlates. Dix ventilateurs, soufflèrent des bouffées de parfums sur le murmure de la cohue chaude. Un moment on admira la science d'une danseuse qui ranimait la vigueur des hommes, en mimant avec les spasmes de son ventre une rage de désirs. Plus tard, une grappe de femme se noua, blanches et brunes. Des soupirs gonflèrent l'ivoire des poitrines. Les pointes mauves et roses des seins se baisaient. A des trapèzes des filles maigres se balancèrent, tournèrent, offrirent aux yeux les lignes tendues de leurs hanches arides.

Gémissantes, hurlantes, furieuses et joyeuses, les femmes s'écrasaient, s'abattaient, se dressaient pour atteindre les reins d'un éphèbe monté sur une escabelle, et qui se promettait à la plus alerte. Une seconde, il me sembla voir Pythie entre elles, ses seins mûrs, ses aisselles fauves, sa croupe large. Mais Théa me couvrit le visage de son visage, et me repoussant dans notre loge laissa retomber la tenture peinte sur la lumière des fleurs incendiées.

Nous nous retrouvâmes dans la pénombre rouge, à genoux sur la soie des coussins. D'autres femmes s'étaient glissées, râlaient. Une odeur de chairs brûlantes, un parfum d'éther et de rose m'étouffa. Des mains me happèrent. Des bouches se collèrent à ma peau. Je tombai entre des bras. Des étreintes se refermèrent. Il y eut les feux noirs des yeux, les haleines, le rampement des peaux veloutées, la griffure des mains cruelles, les morsures des bouches sèches, l'afflux et le reflux des chairs contre ma chair, la succion des lèvres ventouses, des gorges molles aplaties dans mes mains, des baisers extraordinaires, le grattement des toisons. Étranglée de douleur ou de joie, une brama lamentablement. Des femmes chaudes me noyèrent. J'étouffai. Mon corps se tendit en arc. J'eus peur de mourir, je me débattis ; je repoussai cet amas vermiculaire de bacchantes ; je tirai mon corps des mains, des bras, des jambes ; j'atteignis la tenture et l'écartai. Partout grognait la luxure de couples informes ; et devant moi, une enfant collée au miroir tout embu par sa tiédeur, sanglotait voluptueusement contre son image...Je complétai son rêve avec ma force.

En haut, dans la salle aux coupoles, on retrouve les voltes des musiques, des tables mises, des boissons fortifiantes. On reprend la mesure des choses. On s'apaise devant l'harmonie architecturale des nefs infinies, devant les couleurs des fleurs de verre où l'électricité brille.

Ces sortes de cérémonies ont lieu une fois la semaine. Je m'explique bien que, comparées à de telles luxures, les petites niaiseries du sentiment paraissent rien. Allez donc parler « clair de lune, passion éternelle, âmes sœurs » à des gaillardes ainsi rassasiées, une fois la semaine. Elles vous regardent comme un enfant benêt. Mais cela réduit au minimun les drames passionnels. Le communisme de sensations érotiques, détruit le désir de propriété sur l'amante ou sur l'amant. On se laisse libre d'offrir le baiser à qui bon semble, sans qu'une connivence première entraîne l'obligation de connivences futures. L'amour ne tient pas, ici, la place qu'il occupe dans le vieux monde. Et cependant, je vous l'assure, on sait mieux profiter des plaisirs qu'il comporte.

Aussi les romans, les livres sentimentaux n'attirent-ils l'attention de personne. Les femmes comme les hommes, réclament aux bibliothèques, les ouvrages d'histoire, de linguistique, de géographie, de science. De là l'extrême intelligence de tous. N'ayant plus à se munir contre les combats nécessités chez nous par la conquête de l'amour et du pain, les peuples de Jérôme le Fondateur passent leurs loisirs à fortifier leur âme par le savoir. Ils parlent des problèmes de science, comme les joueurs européens parlent des problèmes du baccara, des échecs ou de l'écarté. Ils s'amusent à rivaliser de connaissances. Vous l'imaginez facilement : à la suite des orgies hebdomadaires qui lassent, dans les théâtres, leur instinct sexuel, ni les hommes ni les femmes ne combinent de rendez-vous dans l'intervalle de ces fêtes. S'ils accordent des politesses, ce n'est pas avec fièvre, mais par politesse.

Vous n'entendrez personne, ici, se complaire à narrer les péripéties de ces aventures communes, comme vous n'entendez personne, en Europe, insister sur les menus de ses repas. C'est, en cette contrée de Malaisie, un peuple aux instincts rassasiés, et qui n'a plus de convoitises, sinon pour l'esprit.

Dans une prochaine missive, je vous entretiendrai de l'éducation reçue par les enfants ; vous verrez avec quel art les institutrices et les professeurs leur donnent le goût et l'avidité de connaître le plus (1).

---

(1) Cf. Fénelon, *Télémaque*, Livre IX.

Après que l'armée fut partie, Idoménée mena Mentor dans tous les quartiers de la ville.

Voyons, disait Mentor, combien vous avez d'hommes et dans la ville et dans la campagne voisine ; faisons-en le dénombrement.

Examinons aussi combien vous avez de laboureurs parmi ces hommes. Voyez combien vos terres portent, dans les années médiocres, de blé, de vin, d'huile, et des autres choses utiles, nous saurons par cette voie si la terre fournit de quoi nourrir tous ses habitants, et si elle produit encore de quoi faire un commerce utile de son superflu avec les pays étrangers. Examinons aussi combien vous avez de vaisseaux et de matelots ; c'est par là qu'il faut juger de votre puissance.

Il alla visiter le port et entra dans chaque vaisseau. Il s'informa des pays où chaque vaisseau allait pour le commerce ; quelle marchandise il y apportait, celle qu'il prenait au retour ; quelle était la dépense du vaisseau pendant la navigation ; les prêts que les marchands se faisaient les uns aux autres ; les sociétés qu'ils faisaient entre eux, pour voir si elles étaient équitables et fidèlement observées ; enfin les hasards des naufrages et les autres malheurs du commerce, pour prévenir la ruine des marchands, qui par l'avidité du gain, entreprennent souvent des choses qui sont au delà de leurs forces.

Il voulut qu'on punît sévèrement toutes les banqueroutes, parce que celles qui sont exemptes de mauvaise foi ne le sont presque jamais de témérité. En même temps il fit des règles pour faire en sorte qu'il fût aisé de ne faire jamais banqueroute. Il établit des magistrats à qui les marchands rendaient compte de leurs effets, de leurs profits de leurs dépenses et de leurs entreprises. Il ne leur était jamais permis de risquer le bien d'autrui, et ils ne pouvaient même risquer que la moitié du leur. De plus, ils faisaient en société les entreprises qu'ils ne pouvaient faire seuls ; et que la police de ces sociétés était inviolable par la rigueur des peines imposées à ceux qui ne les suivraient pas. D'ailleurs, la liberté du commerce était entière : bien loin de le gêner par des impôts, on promettait une récompense à tous les marchands qui pourraient attirer à Salente le commerce de quelque nouvelle nation.

Ainsi les peuples y accoururent bientôt en foule de toutes parts. Le commerce de cette ville était semblable au flux et au reflux de la mer. Les trésors y entraient comme les flots viennent l'un sur l'autre. Tout y était apporté, et tout en sortait librement. Tout ce qui entrait était utile, tout ce qui sortait laissait, en sortant, d'autres richesses à sa place. La justice sévère présidait dans le port au milieu de tant de nations. La franchise, la bonne foi, la candeur, semblaient du haut de ses superbes tours, appeler les marchands des terres les plus éloignées ; chacun de ses marchands, soit qu'il vînt des rives orientales où le soleil sort chaque jour du sein des ondes, soit qu'il fût parti de cette grande mer où le soleil, lassé de son cours, va éteindre ses feux, vivait paisible et en sûreté dans Salente comme dans sa patrie.

Pour le dedans de la ville, Mentor visita tous les magasins, toutes les boutiques d'artisans, et toutes les places publiques. Il défendit toutes les marchandises de pays étrangers qui pouvaient introduire le luxe et la mollesse. Il régla les habits, la nourriture, les meubles, la grandeur et l'ornement des maisons pour toutes les conditions différentes. Il bannit tous les ornements d'or et d'argent, et il dit à Idoménée :

« Je ne connais qu'un seul moyen pour rendre votre peuple modeste dans sa dépense, c'est que vous lui en donniez vous-même l'exemple. Il est nécessaire que vous ayez une certaine majesté dans votre extérieur ; mais votre autorité sera assez marquée par vos gardes et par les principaux officiers qui vous environnent. Contentez-vous d'un habit de laine très fine teinte en pourpre ; que les principaux de l'Etat, après vous, soient vêtus de la même laine, et que toute la différence ne consiste que dans la couleur et dans une légère broderie d'or que vous aurez sur le bord de votre habit. Les différentes couleurs serviront à distinguer les différentes conditions, sans avoir besoin ni d'or, ni d'argent, ni de pierreries. Réglez les conditions par la naissance. Mettez au premier rang ceux qui ont une noblesse plus ancienne et plus éclatante. Ceux qui auront le mérite et l'autorité des emplois seront assez contents de venir après ces anciennes et illustres familles qui sont dans une si longue possession des premiers honneurs. Les hommes qui n'ont pas la même noblesse leur céderont sans peine, pourvu que vous ne les accoutumiez point à se méconnaître dans une trop prompte et trop haute fortune, et que vous donniez des louanges à la modération de ceux qui seront modestes dans la prospérité. La distinction la moins exposée à l'envie est celle qui vient d'une longue suite d'ancêtres. Pour la vertu, elle sera assez excitée, et on aura assez d'empressement à servir l'état, pourvu que vous donniez des couronnes et des statues aux belles actions, et que ce soit un commencement de noblesse pour les enfants de ceux qui les auront faites. Les personnes du premier rang, après vous, seront vêtues de blanc avec une frange d'or au bas de leurs habits. Ils auront au doigt un anneau d'or, et au cou une médaille d'or avec votre portrait. Ceux du second rang seront vêtus de bleu, ils porteront une frange d'argent avec l'anneau, et point de médaille ; les troisièmes de vert, sans anneau et sans frange, mais avec la médaille d'argent ; les quatrièmes d'un jaune d'aurore ; les cinquièmes d'un rouge pâle ou de rose; les sixièmes, de gris de lin et les septièmes, qui seront les derniers du peuple, d'une couleur mêlée de jaune et de blanc. Voilà les habits de sept conditions différentes pour les hommes libres. Tous les esclaves seront vêtus de gris brun. Ainsi sans aucune dépense, chacun sera distingué selon sa condition, et on bannira de Salente tous les arts qui ne servent qu'à entretenir le faste. Tous les artisans qui seront employés à ces arts pernicieux serviront, ou aux arts nécessaires, qui sont en petit nombre, ou au commerce, ou à l'agriculture. On ne souffrira jamais aucun changement, ni pour la nature des étoffes, ni pour la forme des habits ; car il est indigne que des hommes destinés à une vie sérieuse et noble s'amusent à inventer des parures affectées, ni qui permettent que leurs femmes, à qui ces amusements seraient moins honteux, tombent jamais dans cet excès. »

Mentor, semblable à un habile jardinier qui retranche dans ses arbres fruitiers le bois inutile, tâchait ainsi de retrancher le faste qui corrompait les mœurs ; il ramenait toutes choses à une noble et frugale simplicité. Il régla de même la nourriture des citoyens et des esclaves.

« Quelle honte, disait-il, que les hommes, les hommes les plus élevés fassent consister leur grandeur dans les ragoûts, par lesquels ils amollissent leurs âmes, et ruinent insensiblement la santé de leurs corps. Ils doivent faire consister leur bonheur dans leur modération, dans leur autorité pour faire du bien aux autres hommes, et dans la réputation que leurs bonnes actions doivent leur procurer. La sobriété rend la nourriture la plus simple très agréable. C'est elle qui donne, avec la santé la plus vigoureuse, les plaisirs les plus purs et les plus constants. Il faut donc borner vos repas aux viandes les meilleures, mais apprêtées sans aucun ragoût. C'est un art pour empoisonner les hommes, que celui d'irriter leur appétit au delà de leur vrai besoin. »

Idoménée comprit bien qu'il avait eu tort de laisser les habitants de sa nouvelle ville amollir et corrompre leurs mœurs, en violant toutes les lois de Minos sur la sobriété ; mais le sage Mentor lui fit remarquer que les lois mêmes, quoique renouvelées seraient inutiles, si l'exemple du roi ne leur donnait une autorité qui ne pouvait venir d'ailleurs. Aussitôt Idoménée régla sa table, où il n'admit que du pain excellent, du vin du pays qui est fort et agréable, mais en fort petite quantité, avec des viandes simples, telles qu'il en mangeait avec ses autres Grecs au siège de Troie. Personne n'osa se plaindre d'une règle que le roi s'imposait lui-même et chacun se corrigea ainsi de la profusion et de la délicatesse où l'on commençait à se plonger pour les repas.

Mentor retrancha ensuite la musique molle et efféminée, qui corrompait toute la jeunesse. Il ne condamna pas avec une moindre sévérité la musique bachique, qui n'enivre guère moins que le vin, et qui produit des mœurs pleines d'emportement et d'impudence Il borna toute la musique aux fêtes dans les temples, pour y chanter les louanges des dieux, et des héros qui ont donné l'exemple des plus rares vertus. Il ne permit aussi que pour les temples les grands ornements d'architecture, tels que les colonnes, les frontons, les portiques. Il donna des modèles d'une architecture simple et gracieuse pour faire, dans un médiocre espace, une maison gaie et commode pour une famille nombreuse; en sorte qu'elle fût tournée à un aspect sain, que les logements en fussent dégagés les uns des autres, que l'ordre et la propreté s'y conservassent facilement, et que l'entretien fût de peu de dépenses.

Il voulut que chaque maison un peu considérable eût un salon et un petit péristyle, avec de petites chambres pour toutes les personnes libres. Mais il défendit très sévèrement la multitude superflue et la magnificence des logements. Ces divers modèles de maisons, suivant la grandeur des familles, servirent à embellir à peu de frais une partie de la ville, et à la rendre régulière ; au lieu que l'autre partie déjà achevée suivant le caprice et le faste des particuliers, avait malgré sa magnificence, une disposition moins agréable et moins commode. Cette nouvelle ville fut bâtie en très peu de temps, parce que la côte voisine de la Grèce fournit de bons architectes, et qu'on fit venir un très grand nombre de l'Epire et de plusieurs autres pays, à condition qu'après avoir achevé leurs travaux, ils s'établiraient autour de Salente, y prendraient des terres à défricher, et serviraient à peupler la campagne.

La peinture et la sculpture parurent à Mentor des arts qu'il n'est pas permis d'abandonner, mais il voulut qu'on souffrît dans Salente peu d'hommes attachés à ces arts. Il établit une école où présidaient des maîtres d'un goût exquis, qui examinaient les jeunes élèves.

« Il ne faut, disait-il, rien de bas et de faible dans ces arts qui ne sont pas absolument nécessaires. Par conséquent on n'y doit admettre que des jeunes gens d'un génie qui promette beaucoup, et qui tendent à la perfection. Les autres sont nés pour des arts moins nobles, et ils seront employés plus utilement aux besoins ordinaires de la république. Il ne faut employer les sculpteurs et les peintres que pour conserver la mémoire des grands hommes et des grandes actions. C'est dans les bâtiments publics ou dans les tombeaux qu'on doit conserver les représentations de tout ce qui a été fait avec une vertu extraordinaire pour le service de la patrie. »

Au reste, la modération et la frugalité de Mentor n'empêchèrent pas qu'il n'autorisât tous les grands bâtiments destinés aux courses de chevaux et de chariots, aux combats de lutteurs, à ceux du ceste et à tous les autres exercices qui cultivent les corps pour les rendre plus adroits et plus vigoureux.

Il retrancha un nombre prodigieux de marchands qui vendaient des étoffes façonnées des pays éloignés, des broderies d'un prix excessif, des vases d'or et d'argent avec des figures de dieux, d'hommes et d'animaux ; enfin, des liqueurs et des parfums. Il voulut même que les meubles de chaque maison fussent simples et faits de manière à durer longtemps. En sorte que les Salentins, qui se plaignaient hautement de leur pauvreté, commencèrent à sentir combien ils avaient de richesses superflues mais c'étaient des richesses trompeuses qui les appauvrissaient, et ils devenaient effectivement riches à mesure qu'ils avaient le courage de s'en dépouiller.

« C'est s'enrichir, disaient-ils eux-mêmes, que de mépriser de telles richesses, qui épuisent l'Etat, et que de diminuer ses besoins, en les réduisant aux vraies nécessités de la nature. »

Mentor se hâta de visiter les arsenaux et tous les magasins, pour savoir si les armes, et toutes les autres choses nécessaires à la guerre, étaient en bon état ; car il faut, disait-il, être toujours prêts à faire la guerre pour n'être jamais réduit au malheur de la faire. Il trouva que plusieurs choses manquaient partout. Aussitôt on assembla des ouvriers pour travailler sur le fer, sur l'acier et sur l'airain. On voyait s'élever des fournaises ardentes des tourbillons de fumée et de flammes semblables à ces feux souterrains que vomit le mont Etna. Le marteau résonnait sur l'enclume, qui gémissait sous les coups redoublés. Les montagnes voisines et les rivages de la mer en retentissaient ; on eût cru être dans cette île où Vulcain, animant les cyclopes, forge des foudres pour le père des dieux ; et, par une sage prévoyance, on voyait dans une profonde paix tous les préparatifs de la guerre.

Ensuite Mentor sortit de la ville avec Idoménée, et trouva une grande étendue de terres fertiles qui demeuraient incultes, d'autres n'étaient cultivées qu'à demi, par la négligence et par la pauvreté des laboureurs qui, manquant d'hommes et de bœufs, manquaient aussi de courage et de force de corps pour mettre l'agriculture dans sa perfection.

LETTRE IV

Jupiter, Octobre 1896.
Palais des Hôtes.

... Je me rappelle celui dont vous parliez et qui, durant vos vacances de lycéen, s'acharnait à gâter les heures par le nombre de ses questions relatives au problème des trois fontaines, ou à la rencontre de deux locomotives parties à des minutes successives et munies de vitesses différentes. Il éprouvait votre savoir en interrogeant sur les longitudes et les latitudes des îles, sur la classification des insectes. Pareils à ce parent, les gens d'ici ne distribuent que des propos de pédanterie. La beauté d'un décor naturel les excite à quantifier la valeur des pigments, la courbe des lignes, la radiation de la chaleur et de la lumière. Un nuage passe. Je dis : voici un nuage. On me réplique en estimant la densité approximative de sa vapeur et en calculant sa célérité. Un tiers renchérit. Il communique une hypothèse sur la formation des vents. Cinq ou six théories se croisent. On crie. Quelqu'un résout la question par l'algèbre. Des textes sont cités. Les voix aiguës des femmes percent le nom des chiffres. Je reste ahuri de mon ignorance, parmi ce tapage de méthodes d'ailleurs contradictoires.

Pas plus que nos institutions politiques, leurs institutions scientifiques n'établissent l'accord parfait entre leurs âmes. Dans la ville de Diane, m'assure-t-on, un groupe d'ouvrières avides de connaître l'astronomie commence à prouver que la terre et le soleil demeurent immuables. Le mouvement en général ne serait qu'une illusion des sens. Vous pensez bien que je ne vous rapporterai pas dans cette lettre les raisons avancées par les jeunes personnes. Mais elles semblent conquérir très vite une multitude de croyants. Ah ! cette pauvre planète. Avant Galilée, c'était le soleil qui bondissait au-dessus d'elle, d'Orient en Occident; depuis Galilée, c'est elle qui valse autour de l'astre. Demain il sera démontré que ni l'un ni l'autre ne dansent, et cela par les adeptes pratiques de la philosophie positive qui s'appuyait, elle, sur l'immuabilité du savoir.

Donc, ici comme en Europe, les luttes, les concurrences, les rivalités, l'acrimonie et la haine ne se dérobent pas au scrupule de l'histoire. Seulement le motif a varié. Ni pour la conquête de la femme, du luxe, ni pour l'ambition, l'humanité ne se déchire. Le besoin spirituel de certitude agite aussi durement les convoitises que nos besoins matériels. Le gouvernement tombe lorsqu'une nouvelle dément par son évidence les assertions théoriques qu'il soutenait.

En cette ville du Pouvoir, Jupiter, les oligarchies se succèdent assez rapidement. Leur durée moyenne est d'un an. Cruauté en moins, leur façon de régir l'Etat se rapproche de celle usitée par le Conseil des Dix, à Venise. Dès qu'une invention, un livre, une œuvre d'art met en vedette un groupe de créateurs, ce groupe devient, sans qu'il le demande ou puisse se dérober à ce devoir, candidat à la succession de l'*Oligarchie* régnante, laquelle espère se démettre. Car de tout le service social, celui du gouvernement passe pour le moins agréable. On ne rend à ces *commis* suprêmes, nul honneur. Leur tâche est considérable. Elle exige un travail bien plus fort que les autres métiers, sans aucun avantage compensateur. D'abord limitée à vingt membres, l'Oligarchie fut portée à trente, puis à cinquante. Aujourd'hui ses cinquante employés accomplissent péniblement leur besogne, dont le principal consiste à écouter les phonographes réciter les plaintes, les critiques et les conseils adressés par n'importe quel groupe du Travail. Il faut classer ces documents, résumer chaque jour leurs prétentions, et dire la logique officielle qui les fait admettre ou repousser. Rien n'oblige le Pouvoir à satisfaire une réclamation des citoyens, cette réclamation fût-elle unanime, mais il lui faut expliquer nettement pourquoi. Si le public insiste, l'Oligarchie demande à démissionner. Les citoyens accordent ou refusent la démission. Dans le premier cas, un groupe différent succède.

Pas une œuvre de science, d'art ou de lettres n'est reconnue comme le résultat d'un seul effort personnel. Un homme écrit-il un livre ? le numéro de son groupe signe. A tous, il semble évident que s'il put écrire ce livre c'est que les propos de ses camarades et les observations dont ils furent, pour son esprit, l'objet, servirent infiniment cet effort.

Imaginez la France gouvernée, en séries successives, par plusieurs oligarchies composées, l'une, des savants attachés au Laboratoire Pasteur, l'autre, des écrivains que révélèrent les Soirées de Médan, une troisième, du général Négrier et de son état-major, une quatrième, de Francis Magnard et de la rédaction du *Figaro*, une cinquième, de Claude Monet et des impressionnistes..., une sixième, de Mgr d'Hulst et de son clergé, etc...

Evidemment chez nous ce système s'écroulerait vite. Chaque coterie parvenue au pouvoir s'efforcerait de détruire tout l'œuvre de la coterie précédente, stupidement. Il n'en est pas de même ici. Moins barbares, les gens se disent trop sceptiques pour se vouloir sectaires. Une oligarchie de chimistes arrive-t-elle au pouvoir, elle ne s'inquiète pas de défaire ce que les ethnographes établirent avant elle. Elle s'occupe surtout d'appliquer le bénéfice de ses connaissances chimiques à l'universalité des choses. Elle transforme à la fois la charge des torpilles, les recettes culinaires, et la composition des parfums. Survienne à la suite, une oligarchie de mécaniciens, elle améliore l'outillage des usines, les armes des soldats, le glissement des tramways. Un groupe d'artistes le remplace-t-il, les édifices sont embellis, les cortèges mieux parés ; on décore les rues. En somme l'État reste toujours tel qu'une bâtisse en construction où passent successivement les divers corps de métier. Il n'existe pas de politique. Convenons de louer cette absence de lutte, dans la pratique.

Ainsi, et peut-être par cause de mollesse, le peuple n'insiste presque jamais pour obtenir une réforme, si le pouvoir lui en a démontré les inconvénients. Moins encore celui-ci la refuse-t-il pour peu que l'essai n'en paraisse absolument impossible. Le combat se livre dans le domaine des idées. Lorsqu'une théorie a produit son chef-d'œuvre, les adversaires eux-mêmes portent au pouvoir les hommes et les femmes de la théorie.

A ses soldats, Jérôme le Fondateur inculqua tout d'abord cette manière de penser. L'épreuve eut lieu au sujet de la religion. Les uns exaltaient l'athéisme, les autres professaient le déisme. Afin de terrasser l'esprit de triomphe, Jérôme décida que l'enseignement officiel serait religieux, bien que les déistes fussent en minorité certaine. Seulement, il s'inspira des hérésies propagées par Manès, par les gnostiques. Il invoqua les interprétations dues à des kabbalistes, comme Fabre d'Olivet; il élargit le dogme catholique autrefois établi selon les besoins d'esprits barbares, selon les curiosités de l'ignorance, puis devenu trop naïf pour les exigences de l'intellectualité moderne.

Avant de quitter Minerve, lors de ma visite au gymnase des filles, j'eus l'occasion de comprendre comment on forme les opinions de la race. Voici.

La scène se passe dans une salle ouverte par des arcades sur la richesse des végétations tropicales. Cent adolescentes chinoises, malaises, européennes, mulâtres, quelques-unes blondes, la plupart brunes, sont assises sur une estrade à gradins. Dame quadragénaire, en costume de Trissottin, l'institutrice interroge une mignonne petite japonaise, aux mains menues.

— Qu'est-ce que Dieu ?

— C'est l'ensemble des Forces, balbutie la petite voix grêle et musicale.

— Qu'est-ce qu'une force ?

— Ce qui crée le mouvement, la chaleur, l'électricité, tous les états et les aspects de la nature, par conséquent, les lois physiques universelles, les rapports attractifs des astres, les nébuleuses, les soleils, les planètes, les vapeurs, les mers, les eaux, les végétations, les cellules plasmatiques, les mollusques, les poissons, les amphibies, les quadrupèdes, et l'homme ?

— Dieu a donc créé l'homme ?

— Oui, à travers les séries des trois règnes et pour que l'homme à son tour, après l'évolution des races, le connaisse et adore l'harmonie des Forces.

— Que savez-vous sur Adam et Eve ?

— Adam, c'est la terre rouge, la terre incandescente avant le refroidissement graduel de la planète. Eve, c'est Aïscha, ou la faculté volitive, l'énergie qui permet l'évolution de la vie, depuis l'humble cellule de plasma végétal, jusqu'au savant et au héros. A cause de cela, les prêtres enseignèrent qu'Eve fut tirée de la côte d'Adam, c'est-à-dire que l'intelligence humaine fut tirée par évolution de la matière refroidie.

— A vous, Mademoiselle ! Adam et Eve sont donc les origines, ou les parents de toute l'humanité ? Dites-nous comment ils furent chassés de l'Eden ?

— Adam et Eve vécurent en béatitude tant qu'ils ne s'inquiétèrent pas de juger. Ils acceptaient comme une splendeur l'équilibre entre la vie et la mort qui engendre la vie de sa corruption fertile. Ils admiraient et adoraient. Mais le serpent Nakasch, leur instinct, conseilla la volonté d'Eve, et lui vanta la précellence de la vie sur la mort. « Car, disait-il, en prolongeant la vie individuelle, Eve et Adam prolongeront la jouissance égoïste ; et la vie sera le bien, et la mort sera le mal. » Adam et Eve perdirent toute confiance dans la mort, quand ils eurent goûté le fruit offert par le mensonge du serpent, leur instinct. Ils méconnurent aussitôt le bonheur d'admirer l'Harmonie du Monde. Ils restreignirent à eux leurs vues, leurs admirations, et leurs soins. Ils s'aperçurent de leur réalité chétive, de leur nudité, de leur faiblesse ; et ils se cachèrent avec des feuilles de figuier, pour que les autres Forces ne leur fissent pas honte. La préoccupation d'exister longuement comme individus leur fit perdre le sens de la vie éternelle et divine où les forces s'entrecroisent, se heurtent, se transforment et périssent sans jamais mourir. Pour défendre leurs vies, ils admirent la haine. Ils distinguèrent le Bien du Mal : ce qui les aidait de ce qui leur nuisait. Adam et Eve perdirent la félicité du paradis.

La jeune enfant d'une quinzaine d'années répéta la leçon, sans trop de fautes, les yeux attachés au stuc bleu qui recouvrait le sol.

— Il ne faut pas craindre la mort ? reprit l'institutrice.

— Il ne faut pas craindre la mort, dirent ensemble les cent voix des disciples, sur un ton joyeux.

— Pourquoi ne faut-il pas craindre la mort ?

— Il ne faut pas craindre la mort, répondit une grasse petite blonde au signe de la maîtresse, parce que l'idée est immortelle, et que notre conscience faite d'idées unies est immortelle.

— L'âme est donc immortelle ?

— L'âme de l'humanité est immortelle, reprirent en chœur les cent voix joyeuses des enfants, et leurs petites mains tracèrent un centuple signe de croix.

— Comment expliquez-vous que l'idée est immortelle ?

— Les positivistes de notre temps continuent seulement l'évolutionnisme des sages d'Ionie, *le perpétuel devenir* des Grecs. A travers les races, les idées grandissent, de siècle en siècle. Elles s'expriment par la bouche de l'Homme, par le développement des cités, par l'amour social qui multiplie la présence des hommes dans les villes, par les raisons des guerres, par celles du conflit social. L'Idée est Dieu.

Levées, l'une après l'autre, sur le gradin, les jeunes filles continuèrent :

— Le Père est la cause inconnue des causes, l'œuf des lois universelles, le centre qui se développe jusqu'aux limites infinies de la sphère. Il est le centre et la périphérie, le commencement et la fin.

— Qu'est-ce que le Fils ?

— Le Fils est la reconnaissance de Dieu dans l'âme humaine après les péripéties de l'évolution planétaire. Aussi il s'engendra de la race de David, qui descendait d'Adam, terre rouge, comme le disent les Ecritures.

— Connaissez-vous plusieurs incarnations du Fils ?

— Tous les Dieux de toutes les religions. Le Fils est le Verbe ; la parole du monde.

— Le Verbe est-il Dieu ?

— Oui ; car le *Mot seul est réel*. Nous ignorons si les vocables correspondent à des réalités. Par exemple, la mère qualifie rouge, devant son rejeton, un objet que celui-ci voit peut-être vert. Au cours de toute sa vie, cet enfant nommera rouge des choses perçues vertes par son organe. Nul ne le détrompera. En effet, les autres disciples s'ils perçoivent jaune l'objet que qualifia rouge l'éducateur, ou s'ils le perçoivent noir, ou bleu l'appelleront tous rouge, comme leur indiqua l'autorité du maître. Depuis les origines peut-être, nul ne perçoit les couleurs de façon pareille à celle d'autrui ; mais par tradition tous nomment d'un même mot des sensations contraires. Le daltonisme prouve que certains ne distinguent pas les cerises du feuillage par la couleur. Les erreurs de sens sont innombrables, que révèle la science. Le proverbe dit : « Des goûts et des couleurs il ne faut pas discuter », tant il semble vrai que mon âme connaît le monde spécialement. L'univers de chacun diffère ; et les philosophies des époques indiquent l'incertitude des rapports entre les noms et les objets. Aucune philosophie ne peut dire si le monde extérieur correspond à ce que nous pensons de lui. L'homme vit dans la prison des sens. Il suit aveuglément la fatalité du Verbe. Le Verbe est Dieu.

— La Cause, le Verbe et l'Idée sont-ils

les trois personnes distinctes du seul Dieu, Un et Triple ?

— Un est le centre ; deux est la périphérie de la sphère ; trois est le rapport entre le cercle et le centre. Un est le Père. Deux est le Verbe. Trois est l'Evolution, l'Esprit qui rayonne du Père au Fils ; de La Force Originelle à l'être humain qui La reconnaît.

— Au nom du Père et du Fils et du Saint-Esprit.

— Ainsi-soit-il.

L'institutrice fit un geste. Les adolescentes quittèrent les gradins et se répandirent par les arcades du cloître, en devisant. Elles sautillaient sur leurs guêtres ; les courtes boucles blondes ou châtaines, les raides mèches sautillaient aussi vers l'éclat frais de leurs yeux.

Elles s'assemblèrent dans le soleil, et tournèrent en ronde, les mains unies.

— Auprès de la maîtresse, je m'inquiétai de cette religion abstraite.

— Monsieur, répondit la dame, ceci est une étape suprême de l'enseignement religieux. Toutes petites elles apprirent les réponses ordinaires du catéchisme. De classe en classe on ajouta des explications qui rendent acceptables les dogmes chrétiens. Dimanche elles communieront. En absorbant l'hostie, je crois que pas une ne doutera de la Présence Réelle. A cette minute, on pensera que, faite du froment, fruit du sol, lui-même fécondé par l'Harmonie-des-Forces, définition de Dieu, l'hostie contient la Présence Réelle de ce Dieu qui sanctifiera le sacrement de la Sainte Table. Je leur enseigne aussi qu'Abel incarne la force centrifuge, la dilatation chimique des corps, l'élan de l'âme amplifiée vers les vérités pures, que Caïn renferme la force centripète, le froid qui resserre, les tendances de l'égoïsme menant l'esprit à concevoir le seul bien immédiat de l'instinct.

Je contemplai les rondes, les jolis gestes des adolescentes, leurs jeux.

— Certes, me dit encore l'institutrice, si nous ne comptions que des élèves européennes, l'enseignement de ce christianisme eût été sans résultat. Notre Jérôme le Fondateur, envoyant des émissaires recueillir par la Chine et les Iles, les enfants des familles malheureuses, délaya la minorité des âmes occidentales, trop mobiles, parmi le nombre décuple des esprits orientaux aptes à saisir l'abstraction. Le désir de s'égaler les unes les autres, anima ces jeunes intelligences, et le commerce de leurs idées mutuelles façonna un esprit moyen très capable de s'intéresser à nos leçons, pour revêches qu'elles vous paraissent. D'autre part, la pédagogie se fonde, ici, sur un système amusant. Elle diffère de vos disciplines romaines. Par la grammaire, les déclinaisons, les conjugaisons, la syntaxe, par mille règles numérotées et rébarbatives, vos professeurs rebutent d'abord l'enfance. De force, sous peine de pensums et de retenues, vous obligez à retenir par cœur, sans qu'on s'intéresse, les avatars du participe passé. Au contraire, nous commençons par amuser l'élève. Nous lui lisons l'histoire. Nous disons comment se forme la pluie, l'orage, et pourquoi l'encre tache ses doigts. Il aime tout de suite les aventures de Romulus et celles de Noé. Il appelle sa poupée Cléopâtre, et son polichinelle César. Par l'histoire, il apprend la géographie, qui n'est plus une triste énumération de sous-préfectures, mais l'évocation des lieux où luttèrent les hommes. Bien plus tard, nous adjoignons aux certitudes historiques la classification des dates, les thèses de l'économie sociale, la présentation des idées philosophiques dont s'inspirèrent les gouvernements et leurs adversaires, enfin l'enseignement des langues que parlèrent les grands peuples. Mais tout cela s'encadre dans des faits objectifs. Jamais nos programmes ne comporteront de choses, analogues à vos thèmes et à vos discours latins. La grammaire n'est apprise qu'à l'adolescent comme la mathématique, lorsque l'esprit de l'enfant, éveillé par les récits de l'histoire, recherche spontanément une mesure exacte de ses connaissances. Aussi les abstractions philosophiques, mathématiques, grammaticales n'effarent point. Elles complètent des notions antérieures. Elles viennent satisfaire une curiosité, une véritable convoitise, tandis que votre élève ahuri trop jeune, dégoûté par les déclinaisons les syntaxes, les exemples, ne retrouve au bout de ses cours, dans la philosophie et la science, qu'une somme de ses ennuis passés. Il apprend mal, mécaniquement. Il se gave la mémoire en vue de l'examen ; il prend pour jamais, la haine des sciences dont il ne veut plus rien connaître, passé le collège. Il ne lira plus que des romans ou des journaux. Nos élèves gardent pour la vie, l'avidité d'accroître leur intelligence. C'est un plaisir.

De fait, quand prit fin le temps du repos les élèves revinrent à leur estrade sans maussaderie.

— Quel est le second mystère, après celui de la Trinité ? demanda la dame.

— Le mystère de l'Incarnation.

— Expliquez-le.

— Marie contient en elle les deux principes contraires : la virginité, la maternité. Si nous ne pouvons concevoir une chose comme Etant et n'Etant pas à la fois, dans le même temps et sous le même rapport, cela vient de la faiblesse de l'esprit humain. Par le mystère de l'Incarnation, Dieu nous enseigne que le Phénomène pur, l'absolu, existe en dehors de ces deux formes de conception. La Vierge Mère engendre Dieu, ou l'absolu, par l'opération du Saint-Esprit, car l'intelligence peut réussir à faire concevoir le Phénomène Pur, l'Être, en dehors de ses apparences temporaires d'existence et de non-existence, de vie et de mort, de bien et de mal. Ainsi la Sainte-Vierge conçut sans péché, parce qu'elle conçut, grâce à l'Esprit sans différencier l'être du non-être, en l'état même où pensaient Adam et Eve, la substance et la volonté, avant le péché originel. La virginité de Marie nie en elle l'existence de Dieu et sa maternité affirme cette existence. Pour cela, elle engendre l'Absolu, l'Homme-Dieu l'identité du microcosme au macrocosme.

— Qu'est le péché originel ? Est-il vrai que nous portions son châtiment ?

— Adam et Eve, ayant différencié la vie de la mort, toute leur faiblesse apparut, toute haine leur naquit. Par atavisme nous continuons à connaître cette faiblesse, à craindre la mort, à haïr.

— Expliquez le mystère de la Rédemption.

— Le macrocosme, ou la plus grande expansion de Dieu, s'identifie au microcosme, à la planète dont l'homme est la cérébralité.

Dieu s'est fait homme. Illimité, il accepte la limite. Eternel, il meurt sur la croix. Vie universelle, Jésus souffre la mort individuelle, part de La Vie. Il rachète l'homme de sa peur et de sa science, en rétablissant, par le supplice du Calvaire, l'identité de l'être et du non-être, de l'infini et du limité. Quiconque meurt pour le triomphe de la vie universelle, pour la gloire de l'idée immortelle, recommence le sacrifice de Jésus et rachète le péché d'Adam. Il devient illimité dans l'éternité.

— Qu'est la croix ?

— C'est le Centre, le point où se croisent les rayons du cercle, c'est aussi le signe de la fécondité, le phallos, le jod horizontal traversant le cteis vertical, l'origine de toute vie ; c'est la Cause, ou le Père. Sur Lui mourut le Fils par l'opération du Saint-Esprit. La Trinité de Dieu, le monde, fut ramené au seul point de l'Un, au Centre.

— Qu'était Marie ?

— La forme ou l'apparence des choses, l'illusion, mère du Verbe... Comme Isis, Marie est le monde sensible qui engendre le Verbe, lequel disparaît sur la croix, absorbé en Dieu...

Une cloche sonna. L'église appelait ses fidèles. Les disciples se rangèrent sur deux files, entonnèrent un cantique, et nous les suivîmes par les allées du jardin.

A l'image des nefs byzantines, la basilique supporte plusieurs coupoles. Sur le ciel de la plus grande, une Vierge centrale est peinte ; gigantesque, avec, sur sa robe, des montagnes, des fleuves, des villes, des mers, des animaux, des peuples. Jusque l'iconostase, des chapelles latérales contiennent, à droite et à gauche, selon l'éclectisme banal des panthéons, plusieurs autels élevés, l'un au Bouddha dans un décor japonais, les autres à Mahomet dans un décor mauresque, à Siva dans un décor hindou, à Isis dans un décor égyptien, aux dieux de l'Olympe dans un décor hellène, à Adonaï dans un décor phénicien, à Astarté, à Moloch, aux dieux du Mexique, du Pérou, à Manès. Cela donnerait la sensation d'un bazar, n'étaient les proportions de l'édifice imposantes par leur immensité.

Les orgues jouent. L'iconostase s'ouvre.

Paraît un autel catholique où officie un prêtre en chasuble. Le service de la messe ne diffère pas sensiblement du nôtre.

On goûte l'odeur de l'encens, la fraîcheur des voix chorales. J'ai cru remarquer une sincère attitude de méditation parmi les jeunes filles à genoux sur de petits coussins rebondis (1).

(1) Cf. Fénelon, *Télémaque*. Livre XIII.
Pour les enfants, Mentor disait :
« Ils appartiennent moins à leurs parents qu'à la République ; ils sont les enfants du peuple, ils en sont l'espérance et la force ; il n'est pas temps de les corriger quand ils sont corrompus. C'est peu que de les exclure des emplois lorsqu'on voit qu'ils s'en sont rendus indignes ; il vaut bien mieux prévenir le mal que d'être réduit à le punir. Le roi, ajoutait-il, qui est le père de tout son peuple, est encore plus particulièrement le père de toute la jeunesse qui est la fleur de toute la nation. C'est dans la fleur qu'il faut préparer les fruits ; que le roi ne dédaigne donc pas de veiller et de faire veiller sur l'éducation qu'on donne aux enfants ; qu'il tienne ferme pour faire observer les lois de Minos, qui ordonne qu'on élève les enfants dans le mépris de la douleur et de la mort ; qu'on mette l'honneur à fuir les délices et les richesses ; que l'injustice, le mensonge, l'ingratitude et la mollesse passent pour des vices infâmes ; qu'on leur apprenne dès leur enfance à chanter les louanges des héros qui ont été aimés des dieux, qui ont fait des actions généreuses pour leur patrie, et qui ont fait éclater leur courage dans les combats ; que le charme de la musique

saisisse leurs âmes pour rendre leurs mœurs douces et pures ; qu'ils apprennent à être tendres pour leurs amis, fidèles à leurs alliés, équitables pour tous les hommes, même pour leurs plus cruels ennemis ; qu'ils craignent moins la mort et les tourments que le moindre reproche de leur conscience. Si de bonne heure on remplit les enfants de ces grandes maximes, et qu'on les fasse entrer dans leur cœur par la douceur du chant, il y en aura peu qui ne s'enflamment de l'amour de la gloire et de la vertu. »

Mentor ajoutait qu'il était capital d'établir des écoles publiques pour accoutumer la jeunesse aux plus rudes exercices du corps, et pour éviter la mollesse et l'oisiveté qui corrompent les plus beaux naturels : il voulait une grande variété de jeux et de spectacles qui animassent tout le peuple, mais surtout qui exerçassent les corps pour les rendre adroits, souples et vigoureux ; il ajoutait des prix pour exciter une noble émulation.

LETTRE V.

Jupiter, Novembre.
Palais des Hôtes.

Sous un soleil lourd, réfléchi dans les verreries des toits, des dômes, des baies, des serres ; la ville se fête.
De hauts pans de soie violette, pourpre et blanche frissonnent le long des façades. Sur beaucoup, les dieux sont peints. On retrouve sans cesse la grande figure de la Vierge avec sa robe pleine de cités et de peuples en marche. A la surface de ses yeux de métal, les navires voguent, gravés. Le lait fuyant de sa mamelle contient les noms des Noumènes, mêlés aux créatures des trois règnes,

et Jésus, assis au giron, porte inscrites par toute la nudité de son corps les maximes qui résument les spéculations des philosophes. Généralement derrière Elle, les deux directions de la croix, se traversent. Peintes ou sculptées elles reproduisent l'emblémature de courants éthéréens. Les planètes semblent y être entraînées dans une course descendante, remontante, horizontale, qui les roule, et les unit aux comètes, aux soleils, aux noyaux des nébuleuses, aux hordes d'astres.

D'une aile, le Saint-Esprit touche la cime de la Croix ; de l'autre il atteint le front du Christ. Les pennes de ce volatile sacré, vastes comme celles de nos archanges enveloppent le Fils et la Vierge-Mère d'une même protection presque blanche, bien que chaque septenaire de plumes porte les nuances du prisme. Enfin le triangle de la Trinité encadre lumineusement la complication du symbole.

Cela se répète partout, sur les pans de soie, hauts comme les façades, sur les litières où le clergé les porte en groupes de métal, d'ivoire, et de bois. La statue de

Manès, celle du Bouddha, ornent aussi les
reposoirs. Aux trépieds, enguirlandés de
fleurs fraîches, de roses et de violettes, de
dahlias, fument les parfums.

Le tramway qui entraîne mes deux amies
et moi ne glisse point sur roues, mais sur
une sorte de quille en acier s'emboîtant
dans un seul rail. Les coussins sont moel-
leux. Avec rapidité nous filons parmi le
murmure joyeux des avenues. Les uniformes corporatifs, s'assemblent sous les portiques, autour des nymphées : les scribes
noirs, les usiniers cramoisis, les Chinois des
services publics en costume national, les
Malais de la voirie, porteurs de cannes, la
tête sous une mitre jaune. Nous glissons
entre les édifices, indéfinis, tout ouverts, et
laissant voir, dans leurs salles, des assem-
blées. Naturellement, les orgues glorifient
le jour. Les insurgés des Philippines viennent de battre nos troupes espagnoles ; et
la Dictature oligarchique fête cette victoire
qu'il nomme celle de la Liberté contre la
Tyrannie. Voici la procession, pareille à
toutes les processions catholiques. Seulement les costumes, et les objets du culte

sont d'un luxe indicible. A cheval, cent très belles filles en bas de cuir violet, le torse nu, la tête couronnée de fleurs énormes, précèdent le Saint-Sacrement, et balancent des encensoirs d'or. Depuis les hanches jusque le dessous des seins, elles portent des corselets de tissus que garnissent des joyaux composant par leur assemblage la forme de plantes fabuleuses. Leur chevelure répandue coule d'un petit bonnet en treillis d'argent. Aux cimes de leurs seins de gros rubis scintillent. Les courtes jupes de lanières noires et vertes terminées par des boucles d'or creux, flottent contre les selles de velours. Aux mors des chevaux se suspendent des éphèbes, nus également depuis les mamelles jusqu'aux caleçons de satin blanc qu'un soleil en pierreries illustre à l'endroit du sexe. Des bottes souples en peau blanche couvrent leurs jambes et leurs cuisses. Les dextres tiennent un thyrse, ou un caducée. Surmontés par les ailes décloses de colombes, de petits casques coiffent leurs chevelures.

D'autres, montés sur des chevaux noirs, soufflent dans de fines trompettes. Des fem-

mes robustes marchent contre leurs étriers.
Elles ont la gorge soutenue par des réseaux
de pourpre, la robe faite de canevas noir
où s'engagent de fraîches roses jaunes. A la
tête, elles portent des tiares de myosotis.

Viennent des hommes géants, aux barbes
ondulées et semées de paillettes. Des couronnes royales les sacrent. Les poils de leur
torse sont jaunis de henné. Ils montrent
toute la beauté de la vigueur virile. Ils
retardent l'impatience des lévriers en laisse,
des molosses, des lionceaux, des antilopes,
et des cerfs. Certains portent des pelles,
d'autres des pioches brillantes, ceux-ci
des leviers de cuivre fourbi, ceux-là des
marteaux dorés, d'autres élèvent des équerres et des truelles au bout de hampes écarlates. En un char bas qu'ils traînent, une
machine de métal rouge s'avance. Son volant,
ses bielles d'acier poli, luisent plus froidement contre l'autre métal qui garde l'éclat
sombre du fer incandescent. Dans leurs
vêtements cramoisis, les usiniers défilent, en
armée, derrière ce char. Tous ont au
chapeau la ramille verte et sur l'épaule un
caducée de bois. Suivent les scribes, vêtus de

noir, puis les Chinois en robes de soie brune, et deux cents fillettes à pied, avec des oiseaux privés sur les doigts, des cannes d'ivoire, des tuniques blanches à traîne, des couronnes de lauriers aux cheveux. Ensuite mille ballerines, par essaims, qui dansent, chacun, un pas différent. Les doigts sonnent sur les tambourins. Les poings menus agitent les sistres et choquent des cymbales. D'aucunes, dans des gaines écailleuses, se tordent comme des ophidiens; et des perruques d'argent frissonnent contre leurs joues. Au milieu d'ailes violettes, d'autres bondissent sur leurs jambes vigoureuses, les seins passés à travers les ouvertures oblongues des corsets bleus. Corolles aux jambes vertes, des fleurs tournent. Tout un escadron représente les minéraux. Il passe des idoles de diamant, de topaze, de saphir; de vivantes statues en granit, en malachite, en marbre clair. Avec une fille d'or, une d'argent, une de fer, une de cuivre, les métaux s'irradient. Des adolescentes simulent les créatures de l'eau, algues et poissons. Leur lente chorégraphie marque l'indolence des corps qui flottent.

O cette armée de danseuses ! Elle se déroule durant une heure entière. Hors des collèges, des lycées, des gymnases, toutes les filles de quelque beauté s'étaient rendues à la parade. Sur la nudité de leurs membres une sorte de fard met une moirure miraculeuse, en sorte que nul défaut d'épiderme ne se décela. Leurs chairs semblaient d'une fraîcheur éclatante, un peu vernie. Parfums qui vous échappiez de leurs gestes, et vous, fleurs, fleurs, fleurs jetées, fleurs des costumes, fleurs des tiares, fleurs des guirlandes, fleurs de bouquets, couleurs innombrables des fleurs !

Entre les façades d'émail, les escouades de danseuses comblent l'avenue. Avec leurs évolutions, marchent des éléphants blancs porteurs de tours où s'ébattent, au faîte, des aigles apprivoisés. Il glisse sur la rainure du rail maintes quilles de hauts chars dont la file présente successivement les dieux de tous les cultes connus, avec leurs prêtres et leurs prêtresses en costume sacerdotal officiant autour des autels. Le palanquin d'une Mère oscille aux épaules de douze vierges en maillots de soie rayée.

Parmi les voiles blancs et jaunes, la femme enceinte étendue, sous le dais et le mouvement des chasse-mouches montre un visage pâli que bande un diadème. Autour d'elle, les danseuses vont, les chœurs chantent un hymne et des litanies; les cymbales retentissent, les harpes vibrent. Brancards de fleurs, tentures d'étoffes lourdes, broderies illustrées, dais de brocart blanc, les palanquins se succèdent entre les chars des dieux, les bataillons de danseuses, les chœurs d'enfants aux robes de pourpre.

Enfin l'image colossale de la Vierge termine le centre du cortège, derrière un clergé d'évêques, de diacres, de bonzes, de lamas, de muftis, de softas, de bayadères entourant l'altière blancheur d'un vieillard qui, Pape, offre, sous un dais de métal rouge, l'Ostensoir, image des cycles universels, et du grand feu Védique.

Sur son manteau bleu comme une montagne lointaine, la chevelure de La Mère, est une forêt d'arbres minuscules. Ses genoux sont deux cascades. Le miracle d'un parfait mécanisme lance, derrière elle, dans la haute croix de verre, les boules lumineuses des astres, des soleils, et des comètes.

Se suivent encore des cavaleries de belles filles sur des étalons blancs. Elles sonnent par de longues trompettes fines. Et voici, de plus, les jeteuses de fleurs, les palanquins des Mères, les ballerines, les harpistes, les chœurs d'enfants somptueuses.

Et cela se perpétue. Je ne saurais tout vous dire. Mes yeux d'ailleurs se lassèrent. Je reportai mes regards sur Pythie et Théa. Elles me parurent en extase, ces créatures d'une froideur et d'un mépris insupportables envers toutes choses ! Je les interrogeai.

— Vous ne comprenez pas, me dirent-elles. Ces corps harmonieux, ces jeux de nuances unies aux plis des robes, ces symboles des religions évoquent en nous tant d'idées subtiles et universelles, à la fois. L'histoire totale des Evolutions se lit de geste en geste, de groupe en groupe. Le cortège est pour nous un volume qui se déroule. L'immense poème des Forces est chanté dans la splendeur des antilopes, des aigles, des ballerines, et des mâles. Nous sentons Dieu et Tout. Une semence vigoureuse jaillit dans nos imaginations, les féconde. Le point, le centre, l'*i*, le jod, le phallos et Dieu nous pénètrent à cet instant, et nous font hennir et cabrer pour des jouissances mémorables. Evidemment, avec votre éducation d'Europe, vous ne voyez ici que des femmes nues, et le passage des bêtes empruntées à un jardin zoologique. Pour nous c'est l'harmonie qui passe, c'est le jet de la création qui fuse. Ne parlez plus. Laissez, nous vous en supplions, panteler nos Esprits...

Je me dressai sur la hauteur de la voiture. Alors je vis l'ensemble du défilé. A travers la courbe de l'avenue, cela s'étendait et se mouvait selon la forme du phallos créateur, le long de deux ou trois milles. Les groupes de statues éternisant les visages des inventeurs regardaient du haut de leurs socles, autour de leurs machines de bronze, ce passage monstrueux de La Vie.

Les grandes voix des phonographes alternaient avec celles des orgues, et déclamaient des strophes. Les chœurs répondaient, dans le cortège, puis les lyres, les trompettes et les danses.

Sottise ou bon sens, j'avoue ne pas m'être réjoui autant que mes compagnes, ni les autres gens amassés dans la voiture. Tout cela me parut bien obscur, bien pédant... et pas mal pornographique. Malgré tout, le cœur de l'honnête homme se révolte à ces spectacles de nudité. Si large d'esprit que l'on puisse se dire, il ne convient pas d'approuver la débauche, lorsqu'elle s'érige en principe de gouvernement et de religion.

Le lendemain, à l'audience qui me fut accordée par la Dictature, je ne pus m'empêcher de le soutenir à l'oligarque me reprochant les pratiques usitées, jadis par l'Inquisition et rétablies dans la province de Cavite, par notre général Blanco, afin de punir les insurgés philippins.

Grande femme, habillée en mousquetaire blanc, l'oligarque sourit à mon réquisitoire et changea la conversation.

On me recevait dans une pièce vaste, extrêmement simple. Les murs de stuc ne m'étonnèrent que par leur altitude élevant un dôme de verre bleuâtre. L'oligarque, m'examinait de ses petits yeux pareils à des parcelles d'argent vif. Elle se tenait dans un fauteuil de velours blanc et, derrière elle, contre la muraille se déployait la bannière de l'Etat, mi-noire, mi-rouge.

— Et si, me dit-elle brusquement, nous usions de notre supériorité mécanique, pour fondre sur l'Europe, anéantir ses armées à l'aide des projectiles lancés par nos frégates aériennes, lui imposer ce que nous croyons l'Intelligence, l'Harmonie, le Meilleur Sort ?..

— Bah !

— Ce serait ; ce sera notre devoir...

La grande femme se leva, et se mit à marcher de long en large sur le caoutchouc du plancher. Elle avait des cheveux incolores et roides, une figure défraîchie, des lèvres mortes, des mains osseuses. Une subite colère enflamma ses joues plates. Elle revint sur moi, criant :

— Oui, oui... Les temps viennent. Vous, les Espagnols, avec la cruauté des âges anciens, vous activez la hâte de nos projets. Ne croyez pas que notre âme voie sans passion votre justice écraser l'ardeur cubaine depuis trente ans, fusiller les anarchistes de Xérès et de Barcelone, réinventer pour les

Philippines les instruments de l'Inquisition. Le sang répandu sur le monde fume jusqu'à nous, et notre force tremble d'impatience. Le voile d'hypocrisie sera durement arraché de la figure du monde... L'immoralité de la Puissance devient trop grande partout. Ce n'est pas seulement pour nous réjouir et cesser de pâtir que Jérôme le Fondateur mena sur ce sol notre race, et sema la vérité dans les esprits de sa descendance. Il nous a créé des devoirs aussi. Trois cent mille Arméniens périssent égorgés, et les Pouvoirs Chrétiens, par une ignoble avidité et par une ignoble défiance mutuelle, menacent de guerre qui osera fermer l'écluse du sang faible. Jamais, en aucun temps, cela ne fut. L'histoire nomme les Croisades. Pour quel exemple ?...

— L'Europe serait bien heureuse, dis-je, ironiquement, si la Dictature pouvait prescrire un moyen de terminer ces massacres, sans ouvrir le conflit européen.

— La Belgique et la Suisse ne peuvent-elles agir au nom du Concert chrétien, puis établir la Confédération Byzantine sur l'exemple de la Fédération helvétique, avec les petits

États des Balkans, la Grèce... Mais laissons cela. La note que l'on a fait remettre à la Dictature, de votre part, demande, au nom de l'Espagne, des explications sur l'aide prêtée aux libertaires de la province de Cavite. Notre Oligarchie compose en ce moment la réponse. Je crains qu'elle ne soit pas de nature à satisfaire entièrement les ministres de l'Espagne.

— Ah !

Je me levai. D'un signe la grande femme me fit rasseoir. Elle continua de marcher, gardant un silence fâcheux. Plus lointaine, elle me parut une autruche à ailes blanches, à pattes rouges ; ses guêtres étant de maroquin ainsi nuancé. De multiples pas étroits la faisaient sautillante. Elle atteignit le mur, et revint vers moi, rapidement, les mains étendues, tel un volatile en colère.

— Oui, oui ; il vaut mieux tout dire, reprit-elle. Sachez-le donc. Il y a trois ans déjà, nos prédécesseurs préparèrent un plan pour la conquête de l'Europe et l'extinction graduelle de l'injustice sociale. Je ne vous parlerai pas des projets militaires, mais je puis indiquer les principes généraux qui doivent guider la conduite de nos stratèges au lendemain de la victoire.

— Cela m'intéresserait fort, dis-je.

— Dans un an ou deux, cela vous intéresserait plus encore cria-t-elle durement, de sa voix aigre ; et un écho rejeta d'angle en angle la sonorité de sa prophétie.

Je laissai le sourire animer ma lèvre. La folle s'exaspérait, de plus en plus semblable à une autruche de muséum qu'un dindon frustra de sa provende.

Elle déclama tumultueusement :

— Supposez un instant ceci. Nos escadres aériennes planent sur Paris. Elles ont franchi toutes vos lignes militaires, réduit en miettes les forts, les parcs d'artillerie, les arsenaux les casernes et les prisons, épargnant le plus possible la vie des soldats. L'épouvante produite par l'effet matériel de nos explosifs maîtrise l'opinion. Autour de la ville, nos torpilles défoncent encore les terrains inhabités, creusent dans le sol des strooms de cent mètres, font se briser toutes les vitres de la ville au bruit de leurs détonations qui, perturbant l'atmosphère, noient de pluie la contrée. La résistance est devenue évidemment impossible...

— La force prime le droit ! énonçai-je à propos.

— Oui, puisque les hommes ne reconnaissent que l'évidence de la force, puisque, sans la terreur d'une force plus grande, ils n'allégeraient pas le sort de ceux que leur propre force écrase. Qu'est-ce qu'une majorité et une minorité ? Deux armées en présence, dont la plus faible numériquement, trop lâche pour entreprendre la lutte, renonce tout d'abord. Qui triomphe là, sinon la stupide force numérique ; sans que la minorité vaincue obtienne rien de son espoir ?... Oui, nous serons la force des minorités, la force brutale des minorités enfin victorieuses. Nous jetterons dans le plateau le plus léger de la balance assez de poids pour que l'équilibre se rétablisse de manière stable... Sachez-le...

L'autruche battit comiquement des ailes devant moi. De la salive sautait de son bec avec les mots...

— Eh quoi, reprit-elle, craindrons-nous, en imposant notre force, d'écraser l'intelligence et l'esprit ? Non, vraiment. Il est des diplomates que vos journaux d'Europe louangent, que vos Académies invitent comme des esprits notables à siéger parmi elles. Ayant l'honneur de représenter la pensée chrétienne devant le monde, ils applaudissent à tous les massacres, à toutes les injustices des Pouvoirs. Les diplomaties s'arrangent pour laisser le Turc égorger, étriper, éventrer à l'aise, en lui opposant des phrases d'absurde élégie. On atteint à ce génie de protéger Grecs et Arméniens, en paroles, sans les protéger en fait, tout en les livrant au sabre du bachibouzouk, sans approuver un crime, dont on demeure les complices évidents. La sinistre niaiserie leur vaut la flatterie des lettres, des arts, des nations. Croyez-vous qu'en écrasant ces sortes d'intelligences notre force écrasera une pensée véritable, un honneur véritable, une noblesse d'âme ?... Oui nous serons la force brutale contre l'idée basse de ceux-là... Mais notre force tuera moins qu'ils ne massacrent...

L'autruche s'arrêta, essoufflée. Elle tira de sa poche un mouchoir, s'éventa.

— Voici, dis-je, une chose que je m'explique peu. Soigneusement vous fermez aux intrus l'accès de notre pays. Comment parviennent les télégrammes qui vous avertissent de la physionomie du monde ?

— Nous avons à Hong-Kong une maison de correspondance et un câble sous-marin. Dans certains massifs inaccessibles des Alpes, de l'Himalaya, de l'Oural, des montagnes rocheuses, nous avons des postes qui communiquent avec les télégraphes des villes et nos nefs aériennes.

— Et aucune indiscrétion ?

— Nous payons assez cher pour que les consciences affidées restent hors de prix.

— Alors, si cette expédition eût été faite, si l'Europe, vaincue par les explosifs de frégates aériennes, eût imploré la paix, la Dictature faisait table rase de nos institutions latines, du jour au lendemain ?

— A peu près ; mais pas immédiatement. Vos foules sont encore si dépourvues d'altruisme et d'énergie qu'elles ne supporteraient pas l'opération de la table rase sans périr dans les guerres civiles. Nos plans ménageaient une période transitoire... Oui. Si cela vous intéresse, je puis vous faire remettre une des affiches imprimées à l'avance et qui devraient être collées sur les murs à Paris, aux préliminaires de l'armistice.

— J'aimerais en connaître la teneur...

La dame me promit cet envoi.

— Vous verrez, ajouta-t-elle, que nous nous étions servis de l'armée, seule organisme fonctionnant bien, et mis à l'usage depuis des temps, pour les premières applications du nouveau régime. A l'armée militaire se substituait simplement, sans choc, l'armée agricole et industrielle. Les exercices étaient changés; voilà tout.

— Alors, repris-je, rien de la mission que m'a conféré mon gouvernement, ne paraît devoir réussir.

— Vous m'excuserez, Monsieur. La Dictature ne peut encore répondre définitivement. Hier ont été fusillés, à Cavite, huit insurgés. Le gouverneur de Manille dénature la vérité dans les dépêches, comme son collègue de Cuba. Le Japon lui-même s'émeut de ces injustices et se prépare à doter le mouvement insurrectionnel d'une aide effective. Les conjonctures s'aggravent. Il faut de la prudence aux diplomates.

L'audience allait finir. La dame nerveuse se réinstalla dans son fauteuil blanc, s'éventa du mouchoir, croqua des pastilles, et, avec une de ces sautes de l'esprit familières à son sexe, me parla de mes compagnes, Pythie, Théa, demanda si leur fréquentation me séduisait. Je les louai de mon mieux.

Elle me dit encore que sa fonction sociale à l'ordinaire l'occupait comme télégraphiste dans une gare de chemin de fer. Son groupe ayant trouvé le moyen de simplifier la transmission téléphonique et télégraphique, avait été mis en candidature pour l'Oligarchie. On réforme partout les récepteurs des appareils, et c'est une œuvre énorme, d'autant que les pétitions publiques réclament la pose de téléphones en toutes les salles de tous les lieux habités.

La dame s'emballa sur la théorie téléphonique; non sans la pédanterie désobligeante dont semblent infectés tous les gens d'ici. Néanmoins je réussis à prendre congé.

La ville de Jupiter ne renferme rien de particulièrement remarquable. Elle possède un théâtre pareil à celui de Minerve, des restaurants-serres, des avenues courbes, des édifices à coupoles de verre, des nymphées, des docks énormes, des façades à émaux imagés, un temple assez riche, où l'on remise d'habitude la colossale image de la Vierge-Mère qui sert à orner les processions.

Dans les rues, les vêtements blancs des oligarques n'attirent le respect ni le salut de personne, non plus que l'ironie. Ils sont des passants comme les autres. J'ai négligé de voir l'intérieur du théâtre, et de prendre part à la fête hebdomadaire, tant il est vrai que la pratique libre du plaisir vous lasse et rend vertueux.

Le nombre des statues de groupes est la chose curieuse de la cité. A tous les coins d'avenues, sur les places, au fond des squares innombrables, se dresse toujours un socle où apparaissent, en taille naturelle, dix ou vingt figures d'hommes et de femmes portant le costume d'usinier. Ces images sont très proches du réel, trop proches même. On croirait voir les résultats de très habiles moulages pris sur les personnes. Généralement les corps et les habits sont de bronze, les têtes et les mains en pâte de verre colorée. Au centre du groupe s'élève le modèle de l'objet que créa l'invention. Du socle jaillissent plusieurs fontaines.

J'ai appris, en outre, que les splendides costumes de la procession ne se reverraient plus à Jupiter. En toutes les villes de la Dictature ils apparaîtraient successivement pour une cérémonie semblable, et puis seraient détruits. Les artistes imaginent, à chaque fête, une décoration nouvelle des créatures et des chars. Elle ne ressert jamais. Cela donne un motif d'apprécier la richesse folle de la production sociale. Comme je m'émerveillais, Théa dit :

— Ici nous produisons joyeusement pour consommer nous-mêmes. Vous produisez tristement pour vendre. Comment voulez-vous que notre labeur ne rende pas le centuple du vôtre.

A évaluer ce que coûterait en Europe, avec le système des salaires et du commerce, un cortège pareil, on atteint vite le chiffre de cinquante ou soixante millions.

La Semaine Sainte à Séville, ni votre Bœuf-Gras parisien ne rivaliseraient à leur avantage. Mais un tel travail est-il utile pour une joie si médiocre ? Je sais bien que j'ai prononcé le mot *utile*, et que Pythie m'a ri au nez en toute impertinence. L'une et l'autre me considèrent comme un indécrottable imbécile. Je les déteste à peu près.

Vous trouverez ci-joint, un fragment de l'affiche imprimée d'avance et que les stratèges des nefs aériennes devaient coller sur les murs de Paris, lors de la prise... J'ai supprimé le préambule.

« Après les signatures de ces préliminaires, le gouvernement de Paris agira comme il suit :

Art. I. — Il prononcera la dissolution de la Chambre et du Sénat. Leurs membres actuels seront remplacés comme il suit :

1° Pour la Chambre des députés.

Cent seront choisis parmi les savants et inventeurs, cent parmi les écrivains et les philosophes ; cent parmi les artistes de la plastique ; cent parmi les avocats, les professeurs et les évêques ; cent parmi les industriels et les agronomes ; cent parmi les historiens, les géographes et les médecins.

2° Pour le Sénat.

Cent seront choisis parmis les généraux ; cinquante parmi les amiraux et les ingénieurs ; cinquante parmi les magistrats ; cinquante parmi les diplomates ; cinquante parmi les financiers.

Art. II. — Ces nouveaux fonctionnaires n'auront pas à délibérer sur les lois. Ils seront chargés de classer les pétitions des communes, sans les discuter.

Art. III. — Le mariage civil est aboli.

Art. IV. — L'imputation de la paternité étant illusoire et ne reposant sur aucune certitude naturelle, l'enfant nouveau-né prendra sur les registres de l'état civil le nom de sa mère.

Art. V. — Le seul héritage légal est celui de la mère aux enfants.

Art. VI. — Cet héritage sera transmis dans les conditions suivantes :

A. Il sera fait une expertise de la valeur

des biens légués, meubles et immeubles. L'héritier sera inscrit pour une somme correspondante sur le Grand-Livre. La rente au taux de trois pour cent, lui en sera versée sa vie durant. Cette rente ne sera pas transmissible.

B. Les autres legs à des tiers, ne seront valables que par clauses testamentaires. Ils subiront les mêmes formalités. Mais l'État prélèvera cinquante pour cent sur le tarif de la rente, et les sommes dues à ce prélèvement seront versées dans les caisses de l'Instruction publique.

Art. VII. — Toute femme qui se pourra croire en état de maternité prochaine devra déclarer sa situation à la mairie de l'arrondissement. Elle sera immédiatement hospitalisée dans une ville maritime au climat doux et salubre. Le temps de cette hospitalisation sera compté depuis le troisième mois de la grossesse jusqu'au sevrage du nourrisson. A cette époque l'enfant sera admis dans un établissement d'éducation publique pour y être élevé, instruit aux frais de la Nation.

Art. VIII. — La mobilisation générale des armées françaises est décrétée.

Art. IX. — L'armée cultive le sol de la patrie, sème, laboure et récolte, élève les troupeaux, exploite les richesses des mines, produit dans les usines et ateliers, construit les édifices, partage et distribue entre les citoyens les richesses du pays.

Art. X. — Les usines de l'État et celles réquisitionnées à cet usage fabriqueront immédiatement un outillage agricole conforme aux progrès des sciences, tel que charrues et batteuses à vapeur, semoirs, herses, etc. Cet outillage sera livré dans l'espace de trois mois aux intendants militaires.

Art. XI. — Une commission d'agronomes et d'ingénieurs choisis au concours, pour la moitié des membres, élus par leurs collègues diplômés, pour l'autre moitié, dirigeront le travail de l'armée sociale, afin que le rendement du sol devienne le plus fort.

Art. XII. — Les années de stage à l'école de Saint-Cyr et à l'école Polytechnique sont portées à cinq ans. Les élèves devront, pendant ce laps, ajouter aux connaissances exigées jusqu'à ce jour, celles nécessaires à l'application générale des principes scientifiques pour améliorer la culture du sol, et la production de l'industrie.

Art. XIII. — Quiconque importera, fabriquera, vendra ou achètera de l'alcool, sera poursuivi conformément aux lois, sous le chef de tentative de meurtre. L'Etat pourvoira aux besoins des laboratoires de chimie et de pharmacie, pour la production de l'alcool.

Art. XIV. — Tout individu convaincu de vol, meurtre, incendie, banqueroute, abus de confiance, escroquerie, quiconque aura par des faits ainsi qualifiés, fait preuve du désir de conquête, sera incorporé, pour cinq ans au moins, dans les armées coloniales. Les armées coloniales jouent, sur leurs territoires militaires, ce même rôle que les armées régulières sur le territoire métropolitain.

Art. XV. — Par voie de décès du détenteur, tous les biens immeubles redeviennent propriété de l'Etat, seul possesseur légal du sol.

Art. XVI. — Les colonies sont soumises au même régime social transitoire que la métropole.

Art. XVII. — Le système du gouvernement direct par le peuple est substitué au système de la représentation parlementaire.

A. Tous les dimanches, sur un registre déposé à cet usage, dans les mairies, les citoyens de la commune écriront le texte des pétitions concernant les sujets qu'ils jugeront utiles à l'intérêt général.

B. Le dimanche suivant, les citoyens de la commune voteront sur ces textes par *oui* et par *non*.

C. Les officiers du corps législatif classeront par analogies les pétitions communales, en indiquant le nombre des suffrages exprimés, pour ou contre.

D. Dans un délai de six mois au plus, le Pouvoir fera connaître par le *Bulletin des Communes* les raisons qu'il croit devoir favoriser ou combattre les principes des pétitions.

E. Après un nouveau vote communal, et

la sanction du Conseil d'État, ces pétitions prendront force de loi; mais leurs dispositions ne seront appliquées que dans les communes où elles auront été rédigées d'abord.

F. Néanmoins si d'autres communes réclament cette application, elle leur sera octroyée.

Art. XVIII. — Les hommes et les femmes jouissent des mêmes droits civils et politiques.

Art. XIX. — Toute femme de vingt à quarante-cinq ans doit le service social à l'Etat.

Art. XX. — La journée de travail est de six heures. »

Telle est, mon cher ami, la loi du vainqueur dont je prie fervemment Dieu, de vous faire grâce (1).

---

(1) Cf. Fénelon, *Télémaque*. Livre XIII.
Mais pendant qu'on préparait ainsi les moyens de conserver la jeunesse pure, innocente, laborieuse, docile et passionnée pour la gloire, Philoclès, qui aimait la guerre, disait à Mentor :
« En vain vous occuperez les jeunes gens à tous

ces exercices, si vous les laissez dans une paix continuelle, où ils n'auront aucune expérience de la guerre, ni aucun besoin de s'éprouver sur la valeur. Par là vous affaiblirez insensiblement la nation ; les courages s'amolliront ; les délices corrompront les mœurs; d'autres peuples belliqueux n'auront aucune peine à les vaincre ; et, pour avoir voulu éviter les maux que la guerre entraîne après elle, ils tomberont dans une affreuse servitude. »

Mentor lui répondit :

« Les maux de la guerre sont encore plus horribles que vous ne pensez. La guerre épuise un Etat et le met toujours en danger de périr, lors même qu'on remporte les plus grandes victoires. Avec quelque avantage qu'on la commence, on n'est jamais sûr de la finir sans être exposé aux plus tragiques renversements de fortune. Avec quelque supériorité de forces qu'on s'engage dans un combat, le moindre mécompte, une terreur panique, un rien vous arrache la victoire qui était déjà dans vos mains, et la transporte chez vos ennemis. Quand même on tiendrait dans son camp la victoire comme enchaînée, on se détruit soi-même en détruisant ses ennemis, on dépeuple son pays ; on laisse les terres presque incultes ; on trouble le commerce ; mais, ce qui est bien pis, on affaiblit les meilleures lois, et on laisse corrompre les mœurs ; la jeunesse ne s'adonne plus aux lettres ; le pressant besoin fait qu'on souffre une licence pernicieuse dans les troupes ; la justice, la police, tout souffre de ce désordre. Un roi qui verse le sang de tant d'hommes, et qui cause tant de malheurs pour acquérir un peu de gloire ou pour étendre les bornes de son royaume est indigne de la gloire qu'il cherche, et mérite de perdre ce qu'il possède, pour avoir voulu usurper ce qui ne lui appartient pas. Mais voici le moyen d'exercer le courage d'une nation en temps de paix. Vous avez déjà vu les exercices du corps que nous établissons, les prix qui exciteront l'émulation, les maximes de

gloire et de vertu dont on remplira les âmes des
enfants, presque dès le berceau, par le chant des
grandes actions des héros ; ajoutez à ces secours
celui d'une vie sobre et laborieuse. Mais ce n'est pas
tout : aussitôt qu'un peuple allié de votre nation
aura une guerre, il faut y envoyer la fleur de votre
jeunesse, surtout ceux en qui on remarquera le génie
de la guerre, et qui seront les plus propres à profiter
de l'expérience. Par là vous conserverez une haute
réputation chez vos alliés ; votre alliance sera
recherchée, on craindra de la perdre : sans avoir la
guerre chez vous, et à vos dépens, vous aurez toujours
une jeunesse aguerrie et intrépide. Quoique vous
ayez la paix chez vous, vous ne laisserez pas de
traiter avec de grands honneurs ceux qui auront le
talent de la guerre ; car le vrai moyen d'éloigner
la guerre et de conserver une longue paix, c'est de
cultiver les armes ; c'est d'honorer les hommes qui
excellent dans cette profession ; c'est d'en avoir
toujours qui s'y soient exercés dans les pays étrangers, et qui connaissent les forces, la discipline
militaire et les manières de faire la guerre des
peuples voisins ; c'est d'être également incapable
et de faire la guerre par ambition et de la craindre
par mollesse. Alors, étant toujours prêts à la faire
pour la nécessité, on parvient à ne l'avoir presque
jamais. Pour les alliés, quand ils sont prêts à se
faire la guerre les uns les autres, c'est à vous rendre
médiateur. Par là vous acquérez une gloire plus
solide et plus sûre que celle des conquérants ; vous
gagnez l'amour et l'estime des étrangers ; ils ont
tous besoin de vous ; vous régnez sur eux par
la confiance, comme vous régnez sur vos sujets par
l'autorité, vous devenez le dépositaire des secrets,
l'arbitre des traités, le maître des cœurs ; votre
réputation vole dans tous les pays les plus éloignés ;
votre nom est comme un parfum délicieux qui s'exhale
de pays en pays chez les peuples les plus reculés.
En cet état, qu'un peuple voisin vous attaque contre

les règles de la justice, il vous trouve aguerri, préparé ; mais ce qui est plus fort, il vous trouve aimé et secouru ; tous vos voisins s'alarment pour vous, et sont persuadés que votre conservation fait la sûreté publique. Voilà un rempart bien plus assuré que toutes les murailles des villes, et que toutes les places les mieux fortifiées : voilà la véritable gloire. Mais qu'il y a peu de rois qui sachent la chercher, et qui ne s'en éloignent point ! Ils courent après une ombre trompeuse, et laissent derrière eux un vrai bonheur, faute de le connaître.

Après que Mentor eût parlé ainsi, Philoclès étonné le regardait : puis il jetait les yeux sur le roi, et était charmé de voir avec quelle avidité Idoménée recueillait au fond de son cœur toutes les paroles qui sortaient, comme un fleuve de sagesse, de la bouche de cet étranger.

Minerve, sous la figure de Mentor, établissait ainsi dans Salente toutes les meilleures lois et les plus utiles maximes du gouvernement, moins pour faire fleurir le royaume d'Idoménée que pour montrer à Télémaque, quand il reviendrait, un exemple sensible de ce qu'un sage gouvernement peut faire pour rendre les peuples heureux, et pour donner à un bon roi une gloire durable.

LETTRE VI

Mars.
Fort des Quatre-Têtes.

Après que le train eut franchi des contrées indéh...es, lugubrement vêtues de forêts denses, après qu'il se fût engouffré aux gorges de montagnes violâtres, il ressortit le lendemain matin dans un pays de lacs. Sur l'étendue des eaux vastes, bien des petites îles se mirèrent en bouquets. Des nefs glissaient entre deux sillages, sans fumée, sans bruit, sans mâts, rapidement. Nous courions par une chaussée médiane où aboutissent les eaux. Peu à peu cette chaussée s'élargit. Les fleurs des tropiques envahissent le ballast, bientôt défendu au moyen d'un treillage contre les plantes épineuses et les arbustes de la brousse. Et puis toute une campagne se développe. Presque entièrement les hautes verreries des serres agricoles la recouvrent. Peints de couleurs épaisses les vitrages garantissent les céréales, les fruits et les légumes contre la brûlure du soleil. Selon la nature des végétaux, ces couleurs sont diverses. Toute une longue explication de Théa m'instruisit sur cette sorte de médication par les lumières nuancées.

Beaucoup de serres étaient ouvertes. Nous aperçûmes des charrues automobiles qui labouraient toutes seules ; ailleurs des semoirs qui répandaient le grain ; en un troisième lieu des rouleaux qui aplatissaient une terre blanchâtre, gorgée de fumures artificielles. Ici les saisons ne collaborent pas. La mécanique et la chimie remplacent le soin de la nature, avec une activité autrement multiple.

Les serres agricoles sont gigantesques. Elles recouvrent des espaces. La galerie des machines, de Paris, donne assez la mesure des moindres. Sous les édifices de verre, les dynamos mettent en mouvement les appareils. Peu d'hommes dirigent. Il y a des vignobles portant des grappes de Terre Promise ; des blés dont les épis trop lourds exigent des étais ; des tiges de riz hautes de trois mètres. Mais les pommes de terre restent minuscules, parce que leur saveur s'accommode mieux de cette taille. Grosses comme des noix, elles valent, rissolées, croustillantes et froides, une joie délicieuse pour la bouche. De même les fraises lilliputiennes, enthousiasment le palais ; tandis que la monstruosité savoureuse des ananas et des poires rend l'âme béate pour des heures.

— Oui, déclara Pythie, nos estomacs deviennent les plus choyés du monde. Comme il n'est pas nécessaire de vendre bon marché aux pauvres des produits inférieurs, nos groupes agraires éliminent de la culture tout ce qui ne semble pas atteindre la succulence. L'étude des conditions qui la favorisèrent permet de les faire renaître au bénéfice de tous les champs, et vous avez pu voir des manœuvres manger sur les tables des réfectoires publics des victuailles qu'en Europe on sert ~~aux seuls millionnaires~~, aux filles entretenues, aux grands escrocs et aux rois. Les gens honnêtes eux-mêmes jouissent ici des bonnes sensations...

Voilà quel est sans cesse le ton d'aigreur employé devers moi. Vous jugez, mon cher ami, du petit supplice que me cause la présence de cette femme très aimée par ma passion, très accueillante pour la folie de mes sens, et notablement dédaigneuse de ma personne.

— Dire, reprit Théa, qu'avec votre énorme population, vous pourriez faire rendre au sol de l'Europe les mêmes félicités, à condition de secouer la tyrannie de l'argent. Au lieu de cela, vous continuez à rivaliser, haïr, vaincre, asservir et avilir... après dix-neuf siècles de christianisme !

— Mais il me semble que nous atteignons les zones militaires, annonçai-je. Ne voilà-t-il pas les terrains rectangulaires de la défense, des fortifications à ras du sol, une coupole d'acier émergeant à peine des talus bétonnés que masquent ces pentes artificielles et cette plantation de courts arbustes.

Voilà l'évidente preuve ! En vérité vous ne désirez ni haïr, ni vaincre, ni asservir... Et la Dictature me convie à suivre une expédition de vos troupes contre les tribus malaises vers qui vous portez certainement l'amour piqué à la pointe des bayonnettes, comme notre Weyler le porte aux Cubains.

— Non pas... non pas ! Nous faisons la guerre à une sorte de tyran indigène qui coupe les têtes pour réjouir ses fêtes, qui empale, pille, viole et tue afin de distraire la monotomie du temps. La plupart de ses esclaves déserte et vient à nous. Il exige qu'on rende à son caprice sanglant ces vies. Nous refusons. Il fit surprendre puis égorger nos sentinelles, dérailler deux trains, il occasionna huit cents morts. La Dictature lui a cependant proposé la paix. Il veut ses victimes. Son honneur l'exige !... et il préfère s'ensevelir sous les ruines de ses palais plutôt que de permettre une existence facile à des sujets fugitifs.

— Cependant il n'est pas le seul à soutenir ce principe d'honneur.

— Non ; dix ou quinze mille hommes s'arment.

— Pour l'honneur de la patrie, qu'ils jugent supérieur au bien-être matériel de l'invidu. Je ne trouve point cela laid.

— Votre race approuva longtemps la frénésie des Inquisiteurs qui préservaient l'éternité paradisiaque des foules en écartant, par le massacre, la contagion des hérésies. Il ne m'étonne pas que vous applaudissiez à une guerre suscitée pour l'honneur de faire, au gré d'un seul, périr les gens.

— Pour l'honneur de la patrie et pour les lois de la patrie... D'ailleurs vous-mêmes n'armez-vous pas très patriotiquement, afin de venger vos concitoyens tués par les catastrophes de chemins de fer.

— Nous, nous défendons la vie productive contre la destruction. Nous armons afin de protéger la vie.

— Une certaine forme de vie, comme les Malais arment afin de protéger une autre forme de ie qu'ils jugent supérieure à la vôtre.

— Ils savent bien qu'elle est inférieure à la nôtre.

— Et pourquoi?

— Parce que proportionnellement au

chiffre de population, on meurt beaucoup moins parmi nous, et on produit beaucoup plus. Et c'est là tout le *criterium* de supériorité ou d'infériorité entre les peuples.

— Alors, les races que frappe une mortalité grande, et qui produisent peu, devraient, par suite, renoncer aux lois de leur patrie, à leurs traditions, et adopter les formules législatives des états...

— Où la vie et la production se multiplient le plus.

— Et cela, sans tenir compte ni des atavismes de la race, ni des mœurs, ni de la personnalité de la patrie, ni du principe de nationalité.

— Mais, cher ami, vous dites des choses sentimentales, vous émettez des lieux communs de rhétorique; vous ne raisonnez pas. Citez-nous donc, en Europe, une patrie qui soit la représentation exacte d'une race ou d'une nationalité. Votre Espagne, par exemple, contient des Basques, dont l'idiome est étranger à tous les patois latins; des Celtes en Galicie, tout à fait cousins par les mœurs des gens du pays de Galles et de l'Ecosse. Ils jouent de la même cornemuse.

Elle compte des Andalous de sang maure et des Castillans fils d'Ibères et de Visigoths. Au temps de Charles-Quint votre nationalité a compris, en outre, des Italiens, des Allemands, des Bourguignons, des gens de Flandre, et des Picards. La France votre voisine, est à peu près aussi bien lotie, pour le mélange des races. Il est donc puéril de soutenir que le principe de nationalité correspond à un ensemble d'âmes homogènes. Des nationalités géographiques sembleraient plus acceptables, telle l'Italie. Et en somme votre patrie existe de par la configuration péninsulaire du sol. La nationalité est donc une pure définition d'atlas. C'est méconnaître toute l'histoire que de ne pas attribuer son origine aux seules ambitions personnelles, de chefs, de rois, d'empereurs, propriétaires de territoires et qui surent intéresser à leurs vues d'accroissement les serfs du domaine. La patrie réelle, le coin de terre où existe une race parlant même langue, usant des mêmes mœurs, est toujours infime. Le pays Basque serait une patrie, la Provence une autre, la Bretagne une troisième. Les Wallons du siècle de

Louis XI formèrent une patrie. L'Allemagne sauf les provinces polonaises, représente une patrie où des races homogènes et des peuples de même langue s'assemblèrent dans une même région. Néanmoins avant le Zollverein elle ne constituait pas une nationalité. A quel moment Rome fut-elle la patrie? A l'époque des Rois, à celle de la République, ou des douze Césars, ou de Byzance? Si elle le fut à l'une, elle ne le fut plus à l'autre. Au temps de la République son esprit vécut d'hellénisme, et d'asiatisme après les Antonins. Les Arméniens maintinrent seuls l'unité de Byzance. Alors comment définir la patrie romaine, ce phénomène historique le plus complet et le mieux connu, depuis son origine jusqu'à sa déhiscence? La patrie, à l'origine, désigne le territoire de la *gens*. Les chefs de tribu, besoin ou ambition, tentent d'accroître leur propriété. Ils conquièrent, ils asservissent. Lorsque le vaincu est nombreux, un contrat est passé par le vainqueur. Les lois forment le premier lien de la nationalité qui peut grandir sans limites au moyen d'annexions successives. Le désir de propriété pousse les chefs d'un peuple fort à multiplier leurs ressources en hommes (producteurs, soldats), en sols fertiles. La nationalité définit donc une agglomération momentanée de races vivant dans un même territoire, et régies par les mêmes lois. Cela ne présente rien de stable ni d'intangible. L'histoire sur ce point exprime une seule chose : la loi générale sociologique montre que la tentative des sociétés humaines vise, pour chacune, à progresser de la moindre patrie à la plus grande, sans distinction de races, de mœurs ou de climats. Il s'agit donc de voir cela clairement, et de fondre le plus possible les nationalités en une seule qui, les unissant, faciliterait les rapports des provinces et l'altruisme des individus. A cette tâche peinèrent les civilisations de Chaldée, de Chine, d'Inde, d'Egypte, de Rome. En ce temps l'Angleterre recommence l'œuvre d'unifier le monde. Qu'importent, auprès de ce gigantesque labeur, les soucis patriotiques ?

— Aussi, répliquai-je, vous interdisez par la torpille et le bombardement aérien l'intrusion de l'étranger dans le domaine de la Dictature...

— Parce que nous ne voulons pas que l'on vienne corrompre les âmes faibles, ici, ni que l'on vende, ni que l'on achète.

— Ni que l'on viole des coutumes qui constituent une patrie et une nationalité dont voici les défenseurs, si je ne me trompe.

Je désignai une troupe en marche. Coiffés de casques bas, en cuir noir, vêtus d'un dolman brun, de braies semblables à celles des zouaves et brunes aussi, de hautes guêtres et de souliers fauves, les soldats, sous des havresacs évidemment peu lourds, marchaient prestement par grandes enjambées sautillantes, en quintuple file. Il en défila beaucoup. Ils chantaient des hymnes assez beaux. Les fantassins étaient les plus grands, et les cavaliers les plus petits des hommes. Je m'en étonnai.

— C'est pourtant simple, dit Théa. Les grands, les solides gaillards supportent mieux la marche et la charge du sac. Au contraire, les gens de courte taille fatiguent peu les chevaux par leur poids. Aussi obtient-on le maximum de mobilité dans les deux armes. Ce sont des femmes militaires qui conduisent les voitures des régiments, les caissons à cartouches, et les équipages d'ambulance... voyez donc!

Elles ne différaient pas des hommes, par l'uniforme. J'en vis qui marchaient aussi en compagnies de pied. On me dit qu'on ne les employait pas à l'occasion de longues étapes. Mais elles composent les unités de l'artillerie de forteresse, les troupes de chemin de fer qui gardent les voies et défendent les gares, les régiments sédentaires en garnison dans les forts. Elles sont soldats d'administration, secrétaires d'état-major. Elles fournissent tous les éléments du corps de l'intendance et du service sanitaire.

Elles ne paraissent pas moins lestes que nos gracieuses cyclistes.

La colonne disparut au tournant de la route.

— Voilà, dit Pythie, les forces qui porteront le meilleur sort au monde.

— Par le fer et par le feu, ajoutai-je.

Mes compagnes dédaignèrent de répondre, un peu outrées de comprendre que je devinais dans leurs âmes altruistes le gros rêve de toutes les nations conquérantes, avec un mobile légèrement divers d'apparence.

Lorsqu'on approche de Mars, tout à coup, les wagons plongent sous le sol, descendent la pente d'un tunnel, où un tube ininterrompu de verre contient les fils électriques en incandescence. Très vaste, ce tunnel renferme des gares desservies par des ascenseurs. Elles commandent des embranchements compliqués. De temps à autre un puits perce l'épaisseur du terrain et laisse les fumées fuir.

Cette partie souterraine de la ligne met les trains à l'abri des projectiles lancés par un envahisseur possible. Elle permettrait, jusque l'heure d'un investissement très rétréci, l'arrivée des convois munitionnaires. Mars occupe, en effet, le centre stratégique d'un système de montagnes qui ferme le territoire de la Dictature à toute incursion venue de la mer par la seule côte abordable, puis par la vallée du seul fleuve que puissent remonter des canonnières, des remorqueurs, des chalands chargés de vivres.

Nous roulâmes près de deux heures à travers ce tunnel resplendissant. Le phonographe criait les nouvelles. Pythie et Théa lisaient, s'embrassaient, me raillaient. Pour les contredire je poussai le bouton d'un coffre à musique ; et tout un orchestre mystérieux nous joua du Schumann qu'elles finirent par entendre, silencieuses.

Revenant au jour réel, moins agréable que la lumière du gros tube, notre ligne de rails s'unit à d'autres sur lesquels couraient des wagons remplis de bétail, moutons, bœufs, porcs et qui se dirigeaient vers la masse de la ville accroupie derrière ses fortifications rases.

— Où vont ces animaux ? demandai-je.

— A l'abattoir. Ici l'on tue toutes les bêtes destinées à l'alimentation universelle du pays. Ce nuage de fumées épaisses couvre les cheminées de fabriques culinaires, où ces viandes cuites, assaisonnées, sont mises en terrines, qui, par d'autres trains, repartent sur tous les points des provinces.

— C'est donc la ville des bouchers et des cuisiniers ?

— C'est la ville de la Mort. Les soldats égorgent les moutons et assomment le bétail pour se familiariser avec l'œuvre de sang. Les vétérans que leurs forces déchues exemptent de service sont employés aux fabrications culinaires. Ils confectionnent ces pâtés dont votre goût apprécia la saveur dans nos restaurants.

— Voyez ici: ces dômes bleus. Ce sont les fours crématoires!

— Et voici, dans ce train bleu, un convoi de cadavres humains qui viennent au feu définitif.

— Tenez, après les verdures des grands bois, ces édifices.... les voyez-vous ? Ils renferment les cendres de nos concitoyens scellées dans un million de petites boîtes.

Avec une rapidité affolante le train bleu passa, laissant aux narines une forte odeur pharmaceutique. Dans les wagons à claire-voie les bœufs meuglaient, les cochons criaient, les moutons bêlaient. Des sonneries militaires de trompettes éclataient de toutes parts, pendant qu'à notre flair arrivait un parfum de cuisine et de rissolement.

Le train tourna autour d'immenses parcs. Là des cohues de bœufs fuyaient l'aiguillon de cavaliers en uniforme sous le commandement d'une sorte de capitaine à bottes fauves. Ailleurs les moutons galopaient aussi. Un océan de porcs roses grouillait dans une fange sans limites. Ensuite nous reconnûmes une esplanade militaire, des caissons d'artillerie, des affûts, des avant-trains automobiles, des wagons blindés, surmontés de coupoles métalliques fendues pour l'allongement des gueules d'acier. Non loin de cet endroit des compagnies évoluaient, alertes, casquées bas de cuir noir, armées de petits fusils à canons doubles, très militaires d'allure à cause des guêtres, des larges braies de toile, des courts dolmans gris, à passepoils bruns. Seule l'artillerie porte un uniforme couleur de feu, parce que cette arme opérant à longue distance, ne se dénonce point à la perspicacité de l'ennemi trop lointain par la couleur écarlate de ses costumes.

On débarque. Voici des patrouilles, des bataillons, des tambours. Les façades des hautes bâtisses sont rouges. Faits de squelettes de bronze élevant sur leurs têtes un fanal électrique, des lampadaires bordent les trottoirs où circule une foule casquée, armée. Les sabres retentissent sur les dalles. Nous revoyons le funèbre train bleu franchissant un viaduc qui enjambe les avenues.

L'odeur pharmaceutique se répand. Les fumées des fours crématoires et des fabriques culinaires s'élèvent mal par la chaleur dans l'atmosphère lourde. Il passe des tramways sans ouvertures. Ils viennent des abattoirs. Leur quille sanglante glisse dans le rail. La fade senteur des boucheries émane.

En une salle de restaurant, dépourvue de plantes, les figures des soldats, pareilles à celles de nos bouchers européens, m'étonnent par leurs fronts bas, leur chair sanguine et adipeuse. Sur presque toutes ces faces, le sceau du crime se révèle. Je n'ignore pas que le service militaire remplace ici l'amende et la prison.

— Presque tous ces gens, me dit Théa, sont des contrebandiers qui tentèrent d'introduire de l'alcool, du tabac, d'autres poisons. Beaucoup furent envoyés au régiment pour crime passionnel, après que leur colère eut affligé des rivaux, des rivales, ceux et celles qui n'acceptèrent pas leur domination sentimentale, qui voulurent garder la libre pratique de l'amour, ainsi que le conseillent les lois. On punit extrêmement la jalousie parce que cette basse prétention de propriété sur la vie d'un autre être gêne la fécondation, la maternité, source de la plus grande vie, donc de la plus grande production. Néanmoins, en dépit de la sévérité des jugements, ces sortes de crimes encombrent la statistique.

Afin d'exaspérer mon grief contre elle, Pythie continua :

— On se déshabitue mal des vieilles injustices ; on renonce difficilement au privilège saugrenu qui rend deux êtres esclaves de leurs caprices réciproques pour la vie, s'ils ont, selon les hasards de l'instinct, confondu leurs spasmes, une heure.

— Mais quoi? répliquai-je. N'y a-t-il donc jamais parmi vous deux êtres qui se chérissent au point de recréer une seule âme et un seul corps avec leurs deux formes et de perpétuer ce nouvel être en le contemplant de tout leur bonheur.

— Il y en a, certainement. Personne ne s'oppose à leur manie.

— N'est-il pas non plus des femmes qui se refusent à des hommes, pour n'en chérir qu'un, parmi vous ?

— Il y en a peu.

— Celles-là ?

— Mais on respecte leur volonté. Nos lois avertissent d'abord, punissent ensuite quiconque tente d'asservir une femme par l'obsession ou la brutalité. Le tribunal du groupe veille au repos de chacune. Ici, dans l'année, on enrôla de force nombre de gaillards à l'instinct trop vif.

De l'œil, Théa désignait un trio de fantassins qui les dévisagèrent toutes deux sans dissimuler une convoitise érotique. Moi, je me sentis mal à l'aise, d'autant plus que Pythie, par jeu, ne se gardait pas de sourire vers les colosses.

Il entra des femmes en dolmans rouges soutachés de noir. Les mêmes casques bas les coiffaient. Sauf au sautillement de la marche on ne les différenciait guère des jeunes garçons. Quelques-unes, quadragénaires, avaient des figures pareilles à celles de nos prêtres, mais empreintes d'une rare expression de cruauté. Leurs lèvres nues et grasses saillissaient pour une moue dédaigneuse. Des narines au menton, le pli de chair marquait les souffrances de la haine et de la rancune.

Vite les hommes et les femmes échangèrent des propos immondes. L'abjection de nos populaces européennes se manifesta par leurs bouches affectant de grasseyer, et par leurs gestes obscènes. Des couples se formèrent aussitôt. Tout ce monde se querelle, s'embrasse, s'étreint. Ce n'était plus le silence ou les propos pédants des autres villes. Pythie s'amusait de voir grogner cette honte. Un soldat ayant insinué la main dans le dolman de sa camarade, notre amie se leva, s'approcha du couple, pour demander sa part de liesse. La brutale satisfaction des deux êtres rouges et baveux la tentait. Théa dut lui dire une réprimande pour qu'elle revînt en riant, et nous suivît dans la rue.

— Alors, dis-je un peu rageur à Pythie, cet état social représente en réalisation tous les vœux de votre idéalité.

— Mais non, dit la musique de sa voix. Je ne prétends point soutenir une telle sottise. J'affirme même qu'une pareille opinion n'existe chez aucun de ceux encore vivants qui débarquèrent en cette latitude avec notre Jérôme. Ils possédaient du monde et des hommes une notion fort étrangère à celle que suscitent les résultats actuels de leurs efforts. Mais, logiquement, il se passa sur ce pays, quelque cinquante années, ce qui devait advenir du conflit entre un idéal pur et les caractères, les instincts, les survivances. Certes la Dictature ne réussit pas à transformer en dieux les citoyens, comme l'attendaient Jérôme, les socialistes de 1840, comme l'attendent avec foi Kropotkine et les anarchistes. Chacun court à l'idéal d'après l'impulsion de ses besoins matériels. Ce ne fut pas magnifique, mais ce fut mieux que l'état antérieur.

Rien de ce que prédisent aujourd'hui les réactionnaires d'Europe entrevoyant les débuts de l'ère sociale, ne se produisit. Très peu de gens refusèrent le travail. Il y eut même au commencement une émulation pour concourir au bien général. La plupart des alcooliques renoncèrent à boire. Quelques-uns en moururent, et avec héroïsme. Les compagnons de Jérôme durent cinq ans lutter les armes à la main, contre les indigènes, souffrir la chaleur, la peste, la soif et la faim ; aplatir des routes, canaliser des rivières, creuser des puits de mines, créer un outillage énorme. Chez presque tous, Jérôme rencontra le dévouement que Napoléon put espérer de ses soldats, que le Mahdi parvient à obtenir de ses derviches. Les temps héroïques passés, les villes construites, l'aise venue, les défaillances se firent bien plus nombreuses. Cette population de Mars se multiplia ; et notre armée compte à peu près le cinquième des citoyens. Mais, l'éducation des collèges amende l'esprit de tous. Vous apercevrez ici peu de jeunes soldats. Les enrôlements datent de sept ou huit années. Nous étudions même un moyen de parer à la décrudescence de nos forces militaires, réduites de jour en jour, par la moindre perpétration des crimes. Au premier temps, les hommes se sacrifiaient à l'idéal de l'aise universelle pour les mêmes raisons obscures qui conseillèrent aux soldats de Napoléon d'encourir la mort en vue d'une vaine gloire dont ils ne jouissaient guère ou au bénéfice d'une patrie qui les nourrissait mal. Ce n'était pas leur solde minime qui excitait au combat les grenadiers de Wagram, ni l'espoir de devenir maréchaux puisque la multitude d'entre eux n'ignorait pas que le bâton de commandement resterait dans la giberne. Croire que seuls l'argent et l'ambition guident l'effort est une foi simpliste.

Les mouvements d'enthousiasme chez les foules obéissent à des influences mystérieuses bien plus difficiles à définir. Vos bourgeois d'Europe agitent des arguments niais lorsqu'ils montrent, au lendemain de la révolution générale, la fainéantise maîtresse de l'effort. Toutefois je pense que Jérôme fut sage lorsqu'il institua la sanction de l'enrôlement et de l'exil militaire contre les fauteurs de disharmonie sociale. Je pense aussi que, dans un siècle, avant peut-être, cette sanction sera devenue inutile, ou à peu près. L'intelligent égoïsme de chacun aura progressé jusqu'à vouloir toujours agir en vue du bien général dont le spectacle le ravira, tandis que la peine lui donnera de la douleur. Ainsi, dans votre Europe, le père de famille intelligemment égoïste travaille pour l'aise de ses filles, de ses fils, redouble l'effort, afin de ne pas heurter ses regards à des figures hostiles, lorsqu'il rentre à la maison. Nous allons vers l'égoïsme bien entendu.

— Lentement, ajoutai-je.

En effet, une bagarre assemblait les curieux devant nous. Deux femmes s'assommaient, s'égratignaient, s'arrachaient. Entre les lambeaux de leurs dolmans écarlates leurs chairs apparues excitaient les réflexions crapuleuses des soldats aux mufles d'assassins. L'une empoigna le sein pendant de l'autre, et le tordit. Un cri de chatte étranglée creva l'air. Hors cette griffe, la cîme violette du sein saigna. Alors les dix doigts de la blessée s'attachèrent à ce poing qui se serrait plus. Les voix encourageaient les lutteuses. La victime se rua contre la victorieuse, referma les mâchoires sur la bouche adversaire. Le sang gicla de nouveau. Mais ni les griffes de l'une ni les dents de l'autre ne lâchèrent prise. Même nous vîmes par les mouvements de sa gorge que la femme au sein tordu buvait le sang de la bouche coupée... C'était ignoble...; car, tandis que la haine unissait de la sorte leurs faces et leurs bras, il semblait que la perversion de l'instinct mêlait leurs jambes qui se lièrent malgré les plis larges des braies de toile, et attirait l'un à l'autre leurs corps.

Certainement je ne fus pas le seul à concevoir ce double élan des ennemies amoureuses ; car la chaleur de Pythie soudain appuyée contre moi vint à me pénétrer tandis que des recherches secrètes de sa main obligeaient l'émotion de Théa serrée contre elle. Autour de nous, des couples, des trios, s'unirent. Les mains disparurent dans les vêtements d'autrui. Vers la bagarre, la cohue aux joues chaudes, aux gorges pantelantes s'aggloméra, ricana, pantela, et devint plus silencieuse. La sueur coula le long des figures ; des lueurs strièrent les yeux clignés...Les expirations bienheureuses révélèrent du plaisir. Les deux femmes continuaient leur lutte et leur jeu ; elles finirent par tomber dans la poussière, y roulèrent, y restèrent, secouées de cris et de spasmes, jusqu'à ce qu'une patrouille de police, accourue la bayonnette haute, eût partagé le rassemblement. Saisies par des mains rudes, relevées, empoignées, elles marchèrent le visage en sang, l'une avec la lèvre fendue, arrachée, l'autre soutenant de sa main libre son sein bleui par les contusions. Elle sanglotait...

Le reste de la foule dispersée par la patrouille, se réfugia dans les jardins des nymphées, sous les arcades que voilent les buissons et les jets d'eau.

— Ces gens gênent l'odorat, dit Pythie. C'est dommage, car ils remplissent les arcades, les divans de pierre; et j'eus bien aimé mettre fin à mon énervement, grâce à vos complaisances.

— Moi aussi, dit Théa.

Elle cherchait de l'œil un lieu solitaire. Nous n'en trouvâmes point. Deux énormes édifices émaillés de rouge dressaient des façades à baies larges par où l'on voyait des femmes écrire. En bas, les salles de lecture et de rafraîchissement étaient pleines de ces tulmultueux personnages.

Nous continuâmes notre route, sans aise.

Les maisons portent pour cariatides des Persées brandissant la tête de la Gorgone, des David décapitant Goliath, des Hercule assommant l'hydre, et les figures d'autres exploits similaires. Sur les céramiques sont émaillés les combats célèbres. On voit Bonaparte à Arcole, Attila dans les champs catalauniques, les cuirassiers de Reischoffen chargeant par les rues du village alsacien, les éléphants de Pandjavânâ écrasant les têtes de vingt mille Parsis, Annibal au lac de Trasimène, la bataille d'Actium ; mille autres images polychromes du temps de guerre. De façade en façade cela se suit, dans l'ordre historique. Esclaves d'un réalisme outré, qu'influence fort le japonisme voisin, les artistes ont peint de belles déroutes avec les faces cadavéreuses des fuyards, les dents grinçantes, les yeux hagards des poursuivants, la lividité des sabres en l'air, les paniques de cavalerie, les poings terreux des moribonds. On marche en pleine bataille. A droite et à gauche le sang des images éclabousse les fleurs de l'émail. Il y a des têtes grimaçantes au bout des piques, des ventres ouverts pour laisser fuir l'éboulis des entrailles...

Entre ces façades grouille une population

gouailleuse, grasse, que sanglent cependant les ceinturons et les brandebourgs. Elle se moque. Elle invective. Elle a des gestes obscènes, des mimiques ignobles. Toutes les faces sont rasées. Les lèvres font des bourrelets violâtres sous les nez larges. Brunes et malingres après la double saillie des pommettes, les faces malaises glissent parmi les autres ainsi que têtes de crotales.

Nous nous mêlâmes au flot des marcheurs. A entendre les propos bruyants, je me crus dans un faubourg de Paris, tel jour de fête publique. Sans avoir pris d'alcool, tous ces gens étaient ivres. Ils affectaient une ignominie plus basse que la réelle. Ils s'appelaient, s'injuriaient, se répondaient d'autres insultes fraternelles. Les dolmans écarlates des femmes tachaient de vif les uniformes gris et bruns des soldats. Nous arrivâmes à un grand portique bleu fabriqué selon la mode chinoise. Avant le pont-levis, toute la foule s'arrêta. Il y eut des alignements, puis du silence.

Alors nous entendîmes, comme à notre entrée en gare, les beuglements du bétail, derrière les murs dont les céramiques représentent des scènes de chasse ; et nous sûmes que c'étaient Les Abattoirs.

Un officier vint nous prendre, nous guida. Nous parvînmes à une sorte de tour quadrangulaire basse, où tout un état-major siégeait.

Nous assistâmes aux hécatombes.

A l'ouest de la plaine, devant nous les trains dégorgeaient des nations de bœufs, de brebis et de porcs, aussitôt lâchés dans d'immenses prairies fangeuses. Les compagnies de soldats armés d'aiguillons, entouraient cette masse, la harcelaient, la poussaient vers des espaces cernés de basses murailles, et de plus en plus étroits, jusqu'à ce que, les bêtes piquées par les lances des cavaliers chevauchant à l'autre face de la muraille basse, fussent parvenues en un court tunnel. A la sortie, elles recevaient sur la nuque le coup d'un maillet de bronze enfonçant une lame fixée à son centre. Car plusieurs soldats colossaux, du faite du portique, à l'issue du tunnel, maniaient cet instrument de mort avec vigueur et promptitude.

Le bœuf tombe d'une masse sur le wagon dont la surface prolonge le sol du tunnel et qui, aussitôt déclanché, glisse le long d'une pente vers une vaste cour où des escouades d'hommes et de femmes l'accueillent, munies de couteaux, de scies, de marteaux, de cuvelles. Cela se précipite sur l'animal, le décapite, le découpe, l'ouvre, tend les cuvelles aux rigoles de sang, détache la fressure, le cœur, les viscères, scie les os, arrache le cuir, désarticule les pieds, fend le crâne, extirpe la cervelle, lave la graisse déroule puis enroule les boyaux, tourne le sang avec un bâton, recueille la fibrine sur des baguettes, et, en moins de dix minutes, il reste du bœuf une dizaine de pièces de boucherie toutes fumantes, mais rectangulairement scindées, ficelées, parées et prêtes pour un autre wagon qui les emporte, au bruit de son roulement, vers les fabriques culinaires sises à l'est de cette plaine.

Immédiatement l'escouade en sayons rougis se rue sur l'agonie d'un autre animal descendu des portiques et le réduit au même état comestible.

Il y a cent cinquante tunnels, où aboutit le même nombre de couloirs, et que termine le même nombre de portiques, élevant, chacun, deux soldats colossaux munis du maillet à lame.

Pour les moutons et les porcs, les tunnels comme les portiques sont moins hauts.

Ce service des abattoirs semble fournir au peuple la joie. En liesse les femmes et les hommes se précipitent sur les bêtes assommées, les recouvrent, telles les mouches une ordure. Des nuées de cris et de rires tourbillonnent sur le sang. Au loin, les compagnies qui poussent le bétail encore vivant du côté des couloirs et des portiques, lancent au ciel des clameurs glorieuses. Autour des assommeurs, sur des tertres et des crêtes, les compagnies en ligne acclament les beaux coups, si la bête tombe d'une masse dans le wagon mobile aussitôt déclanché. Des filles gambadent autour des peaux dont leurs compagnes râclent l'intérieur, à genoux dans les viscères et les mucosités. Vers le Nord, au milieu de vastes esplanades, les écoles de bataillon évoluent. Les chevaux des capitaines courent; les batteries s'exercent au tir. Les fantassins étudient l'ordre dispersé, le service en campagne et les formations de combat; les colonnes défilent au rythme sourd de mille pas cadencés. La canonnade gronde; les caissons automobiles fuient à l'horizon dans la stridence de leurs roues et la trépidation des mécaniques. Cela n'empêche point les tambours et les clairons de battre aux champs, ni les musiques d'exalter des hymnes de férocité majestueuse.

— Comment, dis-je à Théa, pouvez-vous en ravalant les devoirs de la guerre aux besognes d'abattoir, inculquer à vos soldats les sentiments d'honneur et de courage que leur fonction nécessite. Ici, à ce que je vois, le bagne et l'armée se confondent. Ici vous laissez, comme en Europe, subsister la prison, les travaux forcés, les peines disciplinaires, l'autorité des chefs. Et voici, au-dessus de nos têtes, le vol en circuit d'une nef aérienne, dont les grandes ailes jettent sur ce camp une ombre d'archange exterminateur; car on distingue les chapelets de torpilles suspendus à la passerelle. En vérité je conçois mal toute cette organisation.

— Pourquoi donc, dit Théa? Nous enrôlons dans l'armée ceux qui manifestèrent leur goût de conquête par le vol, leur goût

de la mort par la soif de l'alcool, leur goût
de détruire par la désobéissance aux lois
de production. Loin de l'Etat l'idée de les
punir. On les assimile seulement au métier
qui séduit le mieux leur tempérament.
Quel meilleur soldat qu'un brutal, un voleur,
un ivrogne, un contrebandier, ou un assassin puisque son devoir social est de vaincre,
de conquérir, de s'enivrer de rage pour tuer,
de ruser pour dépister l'ennemi, de mettre
à mort le plus faible? Seulement nous préférons que ces malades exercent les vertus
de leur énergie contre les peuples menaçant l'harmonie sociale. Dans l'armée nous
comptons un général qui demeure un de nos
savants les plus féconds d'esprit. Il voulut
tuer sa maîtresse et le rival. Son groupe le
désigna pour commander des troupes. Il
remporte depuis dix ans, victoire sur victoire. Il inventa une stratégie. Il a chargé
à la tête de sa cavalerie dans un combat
que rappellent les statues des places d'armes. Sa colère et sa jalousie servent admirablement la cause de la civilisation. Vous
vous étonnez de voir les abattoirs construits sur les champs de manœuvre. Mais

au contraire cette habitude de donner la mort, de voir couler le sang, de ne pas s'attendrir à la vue de la victime pantelante, découpée, désossée, dépouillée, prépare de façon merveilleuse nos militaires à ne pas craindre la blessure ni s'étonner de la bataille. Nous développons par tous les moyens l'envie du meurtre, l'habitude de tuer, l'instinct de vaincre. Ecoutez ces clameurs de joie. Tenez ! le maillet à lame abat un porc, à demi décapité par la force du coup. Le sang jaillit en deux fontaines ; la bête ahurie, grogne et s'agite ; elle éclabousse de crachats rouges la haie des curieux ravis et qui s'amusent à présenter les visages vers le jet du sang. Comment ces êtres-là s'épouvanteraient-ils ensuite si l'ennemi décapite à leur côté le camarade de même grade ? Regardez à gauche ces jeunes femmes qui poursuivent un mouton échappé. Quelle agilité, quelle grâce et quelle rapidité dans leur course ! Voici qu'elles vont l'atteindre. La grande rousse brandit le couteau. La petite noire s'efforce de la dépasser afin de frapper la première. Une troisième galope. Elle gagne du terrain. Les entendez-vous rire ? Les voyez-vous bondir ?... Ça y est : la petite noire agrippe la bête. La lame luit. V'lan : elle roule par terre avec le mouton. Tenez : toutes ces lames plongent dans la vie bêlante ; elles se relèvent rouges. Oh, la petite qui tient, par la toison, la tête ovine tranchée, où pend une loque de chair ! Voilà l'esprit guerrier dans toute sa gloire. Ecoutez rire l'ivresse de vaincre...

Pythie ricana. Moi j'eus mal au cœur et demandai à partir. Nous nous éloignâmes.

Partout on rencontrait des hommes et des femmes tachés de larges plaques rouges ; avec des poils et des caillots visqueux sur leurs guêtres. Ivres comme s'ils avaient bu, ils titubaient, chantaient, parlaient fébrilement, s'embrassaient, s'accouplaient au hasard du sol, en s'injuriant parmi leurs râles de bonheur.

Un tramway nous emmena loin de cette ignoble fantasmagorie. La couronne de feu cernait mon front. Les nausées secouèrent mon estomac. Pythie me fit renifler des sels.

— Mais pourquoi cette diatribe ? répondit-elle à mes exclamations ? N'était-il pas logique de diviser les forces des citoyens en productrices et destructrices, selon les tempéraments de chacun. Certes, les compagnons de Jérôme espéraient, comme les anarchistes actuels, un peuple composé de seules âmes excellentes et bénignes. Il a fallu en rabattre. On a pris le meilleur système, en parquant les instinctifs et les stupides dans l'armée où leur brutalité devient mérite, honneur, gloire. Comme on ne leur permet pas de quitter les territoires militaires, ils ne corrompent point l'esprit des pacifiques. Ils ne les molestent pas et n'appellent pas la riposte ni la lutte. C'est au prix seulement d'une séparation absolue que l'intelligence a pu tant s'accroître à Minerve, à Jupiter, à Mercure. Ceux-ci sont à Mars, notre vigueur physique, notre redoutable vigueur physique. De ces soldats, la plupart ne pensent même pas à la différence entre vivre et mourir. Ils mangent, ils forniquent, ils tuent. Donner la mort leur paraît une bonne farce. Ainsi, pour une petite fille, il semble amusant de pincer la sœur plus jeune. Ils y mettent de la malice et de la sournoiserie, par esprit puéril de jeu. Ils ne comprendraient pas la pitié ni la sensiblerie, pas plus que vos soldats ne la comprennent à Cuba, ou à Manille, ni les Turcs en Arménie. Seulement, ici, nous avons la franchise de ne pas faire du courage et du meurtre, des déités magnifiques dénommées Gloire, Honneur, Abnégation, Patriotisme, etc... »

Le tramway nous conduisit jusqu'aux fabriques culinaires. Elles n'ont rien de remarquable. Dix mille cuisiniers, mâles et femelles, hachent, assaisonnent, cuisent, grillent, mettent en terrine et emballent, dans d'immenses édifices de fer bleu et de céramique blanche. Vêtus à la mode de nos marmitons européens, en coton immaculé, ces gens, quadragénaires pour le moins, opèrent devant de monstrueuses marmites.

Ensuite nous visitâmes les tanneries et les corroieries, où l'on prépare les havresacs des soldats, les ceinturons, les cuirs des harnais. Comme partout, des ateliers sont vastes, les murs d'émail représentent des sujets appropriés à l'industrie du lieu. Les hommes et les femmes travaillent en commun devant des établis propres. Il n'y a rien de l'immonde saleté habituelle à nos fabriques d'Occident. Les ventilateurs projettent un air parfumé. Des jets d'eau retombent dans les vasques. Les ouvriers sont assis en de bons et larges fauteuils. Un orgue joue des choses douces ; car la loi du silence est admise, observée de tous.

Cette promenade se termina par une excursion aux Fours crématoires.

Au milieu d'un bois épais, le mystère du Temple accueille de ses hautes et monstrueuses colonnes en céramique bleue. Les trains apportant les cadavres de tous les points de la Dictature aboutissent derrière les constructions dans une gare spéciale. Imbibés de phénol, embaumés, enduits de cires odorantes, les morts ne puent pas. Avant le voyage, tous subirent, devant les délégués du groupe auquel appartient le défunt, une autopsie scrupuleuse. Après la crémation, les cendres sont analysées chimiquement. Donc nulle mort occasionnée par un crime ne passerait inaperçue.

La coupole de céramique bleue recouvre une rotonde où deux cents fours sont ouverts autour d'un foyer électrique développant une chaleur de mille degrés. Hissé dans son compartiment, le mort nu est immédiatement exposé aux rayons de cette chaleur destructrice. Une lame de mica très lucide permet de suivre les péripéties de la combustion, par l'oculaire d'une lunette. Lorsque nous entrâmes là, passé les fleurs de parterres célestes, nous subîmes la curiosité d'une assistance militaire que le spectacle des cadavres enflant à la chaleur réjouissait fort.

Les filles riaient des pustules horribles gonflant sur les ventres, des tumeurs qui déformaient vite les faces bleuies, à l'éclat violâtre. Dans son cercueil de plaques étincelantes, à l'éclat quasi-solaire, le mort très vite prend l'apparence d'une énorme vessie où soufflerait un ventilateur de forge. Cela se boursoufle, ondule, monte, se tend, crève, retombe, coule, se sèche, craque, s'effrite. Au bout de dix minutes, il reste une poussière blanchâtre.

Alors, l'opérateur tourne des boutons. Les cinq faces du cercueil s'assombrissent, rougissent, noircissent. On ferme l'oculaire de mica au grand désespoir des curieux qui réclament. La cendre, mise dans un coffret, sera transmise au laboratoire d'analyses.

Ce spectacle enchante l'assistance. Les mêmes interjections qui saluent, dans nos rues, les masques du carnaval, disent adieu aux rictus absurdes des défunts, aux lèvres vertes tirées sur les dents ternes, aux yeux devenus, par décomposition, plus gros que des œufs de poule et sortis des paupières déchirées.

Toute cette populace ricane, insulte, se tord de joie. Ces remarques de gavroches excitent les rires unanimes. Pendant que nous y étions, une fille dégrafait son dolman et prétendit ranimer par la vue de ses appâts le corps déjà bouilli d'un vieillard chauve. Or, la chaleur fit lever une pustule sur le cadavre, une pustule qui grandit, dressée. Toute la société, prise de délire, porta la gaillarde en triomphe (1).

---

(1) Cf. Fénelon, *Télémaque*, Livre XIII.
« Prenons donc tous ces artisans superflus qui sont dans la ville et dont les métiers ne serviraient qu'à dérégler les mœurs, pour leur faire cultiver ces plaines et ces collines. Il est vrai que c'est un mal-

heur que tous ces hommes exercés à des arts qui demandent une vie sédentaire ne soient point exercés au travail, mais voici un moyen d'y remédier. Il faut partager entre eux les terres vacantes, et appeler à leur secours des peuples voisins, qui feront sous eux le plus rude travail. Ces peuples le feront, pourvu qu'on leur promette des récompenses convenables sur les fruits des terres mêmes qu'ils défricheront ; ils pourront dans la suite, en posséder une partie, et être ainsi incorporés à votre peuple, qui n'est pas assez nombreux. Pourvu qu'ils soient laborieux et dociles aux lois, vous n'aurez point de meilleurs sujets, et ils accroîtront votre puissance. Vos artisans de la ville transplantés dans la campagne, élèveront leurs enfants au travail et au goût de la vie champêtre. De plus, tous les maçons des pays étrangers qui travaillent à bâtir notre ville se sont engagés à défricher une partie de vos terres et à se faire laboureurs ; incorporez-les à votre peuple dès qu'ils auront achevé leurs ouvrages de la ville. Ces ouvriers sont ravis de s'engager à passer leur vie sous une domination qui est maintenant si douce. Comme ils sont robustes et laborieux, leur exemple servira pour exciter au travail les artisans transplantés de la ville à la campagne, avec lesquels ils seront mêlés. Dans la suite, tout le pays sera peuplé de familles vigoureuses et adonnées à l'agriculture. Au reste, ne soyez point en peine de la multiplication de ce peuple ; il deviendra bientôt innombrable, pourvu que vous facilitiez les mariages. La manière de les faciliter est bien simple : presque tous les hommes ont l'inclination de se marier ; il n'y a que la misère qui les en empêche. Si vous ne les chargez point d'impôts, ils vivront sans peine avec leurs femmes et leurs enfants ; car la terre n'est jamais ingrate, elle nourrit toujours de ses fruits ceux qui la cultivent soigneusement ; elle ne refuse ses biens qu'à ceux qui craignent de lui donner leurs peines. Plus les laboureurs ont d'enfants, plus ils sont riches, si le prince ne les appauvrit pas ; car leurs enfants, dès leur plus tendre jeunesse, commencent à les secourir. Les plus jeunes conduisent les moutons dans les pâturages ; les autres, qui sont plus grands, mènent déjà les grands troupeaux ; les plus âgés labourent avec leur père. Cependant la mère de toute la famille prépare un repas simple à son époux et à ses chers enfants, qui doivent revenir fatigués du travail de la journée ; elle a soin de traire ses vaches et ses brebis, et on voit couler des ruisseaux de lait. Elle fait un grand feu, autour duquel toute la famille innocente et paisible prend plaisir à chanter tout le soir en attendant le doux sommeil : elle prépare des fromages, des châtaignes, et des fruits conservés dans la même fraîcheur que si on venait de les cueillir Le berger revient avec sa flûte et chante à la famille assemblée les nouvelles chansons qu'il a apprises dans les hameaux voisins. Le laboureur rentre avec sa charrue, et ses bœufs fatigués marchent, le cou penché, d'un pas lent et tardif, malgré l'aiguillon qui les presse. Tous les maux du travail finissent avec la journée. Les pavots que le sommeil par l'ordre des dieux, répand sur la terre, apaisent tous les noirs soucis par leurs charmes et tiennent toute la nature dans un doux enchantement. Chacun s'endort sans prévoir les peines du lendemain. Heureux ces hommes sans ambition, sans défiance, sans artifice, pourvu que les dieux leur donnent un bon roi qui ne trouble point leur joie innocente ! Mais quelle horrible inhumanité que de leur arracher, pour des desseins pleins de faste et d'ambition, les doux fruits de leur terre, qu'ils ne tiennent que de la libérale nature et de la sueur de leur front ! La nature seule tirerait de son sein fécond tout ce qu'il faudrait pour un nombre infini d'hommes modérés et laborieux : mais c'est l'orgueil et la mollesse de certains hommes qui en mettent tant d'autres dans une affreuse pauvreté. »

« — Que ferai-je, disait Idoménée, si ces peuples que je répandrai dans ces fertiles campagnes, négligent de les cultiver ? — Faites, lui répondit Mentor, tout le contraire de ce qu'on fait communément. Les princes avides et sans prévoyance ne songent qu'à charger d'impôts ceux d'entre leurs sujets qui sont les plus vigilants et les plus industrieux pour faire valoir leurs biens ; c'est qu'ils espèrent en être payés plus facilement ; en même temps, ils chargent moins ceux que la paresse rend plus misérables. Renversez ce mauvais ordre, qui accable les bons, qui récompense le vice et qui introduit une négligence aussi funeste au roi même qu'à tout l'Etat. Mettez des taxes, des amendes, et même, s'il le faut, d'autres peines rigoureuses sur ceux qui négligeront leurs champs, comme vous puniriez des soldats qui abandonneraient leur poste dans la guerre : au contraire, donnez des grâces et des exemptions aux familles qui, se multipliant, augmentent à proportion la culture de leurs terres. Bientôt les familles se multiplieront, et tout le monde s'animera au travail ; il deviendra même honorable. La profession de laboureur ne sera plus méprisée, n'étant plus accablée de tant de maux. On reverra la charrue en honneur, maniée par des mains victorieuses qui auraient défendu la patrie. Il ne sera pas moins beau de cultiver l'héritage reçu de ses ancêtres, pendant une heureuse paix, que de l'avoir défendu généreusement pendant les troubles de la guerre. Toute la campagne refleurira ; Cérès se couronnera d'épis dorés ; Bacchus, foulant à ses pieds les raisins, fera couler, du penchant des montagnes, des ruisseaux de vin plus doux que le nectar ; les creux vallons retentiront des concerts des bergers, qui le long des clairs ruisseaux, joindront leurs voix avec leurs flûtes, pendant que leurs troupeaux bondissants paîtront sur l'herbe et parmi les fleurs, sans craindre les loups. Ne serez-vous pas trop heureux, ô Idoménée, d'être la source de tant de biens, et de faire vivre, à l'ombre de votre nom, tant de peuples dans un si aimable repos ? Cette gloire n'est-elle pas plus touchante que celle de ravager la terre, de répandre partout et presque autant chez soi, au milieu même des victoires, que chez les étrangers vaincus, le carnage, le trouble, l'horreur, la langueur, la consternation, la cruelle faim et le désespoir ? O heureux le roi assez aimé des dieux, et d'un cœur assez grand, pour entreprendre d'être ainsi les délices des peuples, et de montrer à tous les siècles, dans son règne, un si charmant spectacle ! La terre entière, loin de se défendre de sa puissance par des combats, viendrait à ses pieds, le prier de régner sur elle. »

Idoménée lui répondit :

« Mais quand les peuples seront ainsi dans la paix et dans l'abondance, les délices les corrompront, et ils tourneront contre moi les forces que je leur aurai données. — Ne craignez point, dit Mentor, cet inconvénient ; c'est un prétexte qu'on allègue toujours pour flatter les princes prodigues qui veulent accabler leurs peuples d'impôts. Le remède est facile. Les lois que nous venons d'établir pour l'agriculture rendront leur vie laborieuse, et, dans leur abondance, ils n'auront que le nécessaire, parce que nous retranchons tous les arts qui fournissent le superflu. Cette abondance même sera diminuée par la facilité des mariages et par la grande multiplication des familles. Chaque famille, étant nombreuse et ayant peu de terre, aura besoin de la cultiver par un travail sans relâche. C'est la mollesse et l'oisiveté qui rendent les peuples insolents et rebelles. Ils auront du pain, à la vérité, et assez largement ; mais ils n'auront que du pain et des fruits de leur propre terre, gagnés à la sueur de leur visage. Pour tenir votre peuple dans cette modération, il faut régler, dès à présent, l'étendue de terre que chaque famille pourra posséder. Vous savez que nous avons divisé tout votre peuple en sept classes, suivant les différentes conditions ; il ne faut permettre à chaque famille, dans chaque classe, de pouvoir posséder que l'étendue de terre, absolument nécessaire pour nourrir le nombre de personnes dont elle sera composée. Cette règle étant inviolable, les nobles ne pourront faire des acquisitions sur les pauvres ; tous auront des terres mais chacun en aura fort peu et sera excité par là à les bien cultiver. Si, dans une longue suite de temps, les terres manquaient ici, on ferait des colonies qui augmenteraient la puissance de cet Etat. Je crois même que vous devez prendre garde à ne laisser jamais le vin devenir trop commun dans votre royaume. Si on a planté trop de vignes, il faut qu'on les arrache ; le vin est la source des plus grands maux parmi les peuples : il cause les maladies, les querelles, les séditions, l'oisiveté, le dégoût du travail, le désordre des familles. Que le vin soit donc réservé comme une espèce de remède, ou comme une liqueur très rare qui n'est employée que pour les sacrifices ou pour les fêtes extraordinaires. Mais n'espérez point de faire observer une règle si importante si vous n'en donnez vous-même l'exemple. D'ailleurs il faut faire garder inviolablement les lois de Minos pour l'éducation des enfants, il faut établir des écoles publiques où l'on enseigne la crainte des dieux, l'amour de la patrie, le respect des lois, la préférence de l'honneur aux plaisirs et à la vie même. Il faut avoir des magistrats qui veillent sur les familles et sur les mœurs des particuliers. Veillez vous-même, vous qui n'êtes roi, c'est-à-dire pasteur du peuple, que pour veiller nuit et jour sur votre troupeau ; par là, vous préviendrez un nombre infini de désordres et de crimes : ceux que vous ne pourrez prévenir, punissez-les d'abord sévèrement, C'est une clémence que de faire d'abord des exemples qui arrêtent le cours de l'iniquité. Par un peu de sang répandu à propos, on en épargne beaucoup pour la suite, et on se met en état d'être craint sans user souvent de rigueur.

Mais quelle détestable maxime que de ne croire trouver sa sûreté que dans l'oppression de ses peuples ! Ne les point faire instruire, ne les point conduire à la vertu, ne s'en faire jamais aimer, les pousser par la terreur jusqu'au désespoir, les mettre dans l'affreuse nécessité ou de ne pouvoir jamais respirer librement, ou de secouer le joug de votre tyrannique domination ; est-ce là le vrai moyen de régner sans trouble ? est-ce là le vrai chemin qui mène à la gloire ? Souvenez-vous que les pays où la domination du souverain est plus absolue sont ceux où les souverains sont moins puissants. Ils prennent, ils ruinent tout, ils possèdent seuls tout l'Etat ; mais aussi tout l'Etat languit, les campagnes sont en friche et presque désertes, les villes diminuent chaque jour, le commerce tarit. Le roi, qui ne peut être roi tout seul, et qui n'est grand que par ses peuples, s'anéantit lui-même peu à peu par l'anéantissement insensible des peuples dont il tire ses richesses et sa puissance.

Son Etat s'épuise d'argent et d'hommes : cette dernière perte est la plus grande et la plus irréparable. Son pouvoir absolu fait autant d'esclaves qu'il a de sujets. On le flatte, on fait semblant de l'adorer, on tremble au moindre de ses regards ; mais attendez la moindre révolution ; cette puissance monstrueuse, poussée jusqu'à un excès trop violent, ne saurait durer ; elle n'a aucune ressource dans le cœur des peuples : elle a lassé et irrité tous les corps de l'Etat ; elle contraint tous les membres de ce corps de soupirer après un changement.

Au premier coup qu'on lui porte, l'idole se renverse, se brise et est foulée aux pieds. Le mépris, la haine, la crainte, le ressentiment, la défiance, en un mot toutes les passions, se réunissent contre une autorité si odieuse. Le roi, qui, dans sa vaine prospérité, ne trouvait pas un seul homme assez hardi pour lui dire la vérité, ne trouvera, dans son malheur, aucun homme qui daigne ni l'excuser, ni le défendre contre ses ennemis. »

Après ces discours, Idoménée, persuadé par Mentor, se hâta de distribuer les terres vacantes ; de les remplir de tous les artisans inutiles, et d'exécuter tout ce qui avait été résolu. Il réserva seulement pour les maçons les terres qu'il leur avait destinées, et qu'ils ne pouvaient cultiver qu'après la fin de leurs travaux dans la ville.

LETTRE VII

Camp de la Forêt Rouge.

Nous avons quitté la voie ferrée depuis trois jours. Il fallut laisser hier les automobiles, les routes finissant. Nous voilà dans la brousse, étendue de plantes épineuses rousses et vertes où les canons enfoncent jusqu'aux moyeux. Et là dessus pèse un ciel chargé d'orage, un air fade. Devant, la cavalerie incendie les herbes et le taillis pour frayer la route aux caissons, aux colonnes. On chevauche sur des cendres chaudes. Parfois des étincelles se lèvent si le vent vient à souffler. Au-dessus de nos têtes les escadres aériennes bruissent en volant ; les grandes ailes des nefs nous couvrent d'ombre. On les voit qui s'inclinent, qui fendent l'air épais du profil de leur voilure grise. Les chapelets de torpilles luisent sous la passerelle inférieure. Une roue de trois mètres de diamètre tourne à l'arrière avec une vélocité qui fait disparaître l'image des rayons. Ce volant pareil à un halo entoure la singulière apparition lorsqu'elle vous dépasse.

Parties en avant, les escadres aériennes vont bombarder les bois, les villages où l'ennemi se tient. Les infanteries et les cavaleries n'opèrent qu'à la suite pour occuper les positions et achever la victoire.

Jusqu'au plus loin, les casques noirs des régiments progressent. Le silence absolu qu'enjoint une rigoureuse discipline ne révèle rien de cette marche. Les femmes de l'artillerie elles-mêmes ne jacassent pas. Assises sur les banquettes des prolonges qui suivent les pièces, elles demeurent muettes, sages, la jugulaire au menton, les mains sur les genoux de leurs larges braies de toile pareilles à celles de vos zouaves,

A la halte, tout ce monde s'éparpille, étale contre terre ses vastes pèlerines, s'assied et cuisine.

Dans chaque escouade deux hommes portent un bidon de pétrole chacun, sur le sac. Quand on dévisse le couvercle du cylindre, il apparaît trois grosses mèches qu'on allume. Des ressorts redressent un cercle de métal. C'est le fourneau. Sur le cercle on place une gamelle pleine d'eau.

Le sac du soldat n'est pas comme celui de son collègue européen une lourde et formidable chose destinée à réduire sa prestesse, à renforcer sa fatigue, à le rendre inutile et las. Cette poche de mince caoutchouc contient plusieurs petits paquets de riz tassé, une boîte en copeau renfermant une sorte de liebig, un uniforme de toile roulée, un étui à brosses et à aiguilles. C'est tout. A l'extérieur on n'y voit point attaché la pesante batterie de cuisine qui accable le militaire européen. L'intendance fait cuire les viandes et les légumes, en arrière des lignes. Au cantonnement, si l'intendance a pu rejoindre, et c'est la majorité des cas, le soldat trouve sa ration préparée, assaisonnée.

Il peut la remettre au feu, ou la manger telle. Ainsi les viandes n'arrivent pas empuanties par l'empilement dans des fourgons, ni bleuies par une corruption commencée. Si l'intendance ne peut réussir à joindre le cantonnement, le soldat confectionne son riz à l'extrait de viande sur le bivouac. L'un des cylindres à pétrole aide cette cuisson. L'autre sert à chauffer l'eau dans laquelle on verse l'essence de café remplissant les doses d'un flacon métallique.

Le soldat porte encore deux musettes. L'une garde le pain, celle de gauche ; l'autre garde les cartouches, celle de droite. Dans la gourde il y a de l'eau légèrement alcoolisée à la menthe. Tout le poids ne charge donc pas le dos seul ; et l'homme peut marcher droit, courir, se défendre sans cette bosse chère aux états-majors d'Europe.

Le fusil soutient, sur la longueur du canon, un autre cylindre d'aluminium qui est seulement le tube d'une longue vue, allant de la crosse au point de mire. Cette lunette rapproche énormément la silhouette de l'ennemi et facilite le tir. Le mécanisme de la hausse la soulève ou l'abaisse. Les pièces d'artillerie sont pourvues d'un télescope analogue, dont la puissance étonne.

Le miracle de cet équipement, c'est le manteau. Imaginez une pèlerine semblable à celle des officiers de cavalerie. Léger, enduit de gomme, le tissu garantit contre les pluies tropicales. Il couvre le soldat depuis le casque sous lequel le collet s'emboite, jusqu'aux guêtres. Là il s'évase, et la pluie coule comme de la pente d'un toit. Au campement, on étale le manteau à terre. C'est un tapis rond qui protège le dormeur contre l'humidité du sol et le miasme paludéen. Le camarade dresse le sien comme une tente dont un fusil planté par la bayonnette forme le support. Tapis et tente constituent un abri imperméable, chaud, où deux hommes peuvent se reposer à l'aise. On y ferait difficilement de la gymnastique, mais on peut s'y tenir assis ou couché. Des dispositions ingénieuses, ferment hermétiquement la hutte ou la laissent entr'ouverte, selon les caprices du ciel.

Autre avantage. Ces huttes basses, grises

semblent à peu près invisibles dans la brousse. Dix mille hommes campent, sans qu'on puisse s'en apercevoir avant de rencontrer les sentinelles. Les lueurs des cylindres à pétrole ne brillent point de façon à dénoncer, à trois lieues à la ronde, comme nos feux de bivouac et leurs fumées, la présence des troupes. Il était indispensable, pour une armée ayant à faire campagne, dans des régions sans villages, de posséder un système de campement discret.

Vaste et souple, le manteau ne gêne pas les mouvements du tireur si, en étant revêtu, il aborde l'ennemi. Deux larges fentes à la hauteur des épaules permettent de passer les bras et de les mouvoir librement. Je pense à vos pauvres troupes françaises de 1870, que les Prussiens surprirent si souvent occupées à faire sécher leurs capotes chargées d'eau pluviale, et qui durent réendosser des uniformes humides, alourdis, rêches, pour se battre. Ici, jamais un soldat ne se trouve atteint par une goutte de pluie. Sous la pèlerine, il reste dispos et alerte.

Le premier soir de marche, nous campâmes au fond d'une vallée que protège un plateau couvert par les patrouilles et les lignes de sentinelles. La cavalerie à dix-huit kilomètres en avant, sondait les bois. La sécurité était donc absolue. Le repas fini, comme descendait sur nous la fraîcheur des nuits tropicales, les soldats organisèrent des danses afin de se réchauffer. Cela, dans ce pays immoral, se termina par une galanterie de gaillards venus en visite aux cantonnements de l'artillerie et du service sanitaire où les femmes sont le nombre. Rien ne se passa avec bruit ou fureurs ; mais familialement.

— Comment, dis-je à Pythie, la discipline n'interdit-elle pas ces satisfactions ? Les malheureuses pourraient devenir enceintes au cours de la campagne, par hasard, et cela diminuerait les effectifs.

— Enceintes !... Mais tous ces gens sont stériles. Dès que les groupes désignent l'un ou l'une d'entre eux pour être incorporé, on dirige le nouveau militaire sur l'hôpital de Mars. Là, le fauteur de disharmonie sociale est anesthésié par les chirurgiens. On accomplit l'ablation des ovaires, ou l'on provoque l'atrophie d'un testicule, suivant le sexe. Ainsi, l'atavisme ne pourra perpétuer leur tendance à la destruction dans les temps futurs. Ils sont voués à la stérilité définitive. Nous préservons la race contre la honte de détruire.

— Ces opérations ne sont-elles pas dangereuses ? et n'est-il pas des patients pour rester entre les mains des docteurs ?

— Peu, répondit Théa. Notre chirurgie est fort experte sur ce point, parce que, dès l'installation des villes, Jérôme le fondateur, obligea nos gynécologues à perfectionner sérieusement ce genre d'intervention. Quiconque a péché par haine ou par convoitise ne se reproduira plus.

— C'est terrible, dis-je. Que faites-vous de la liberté, de la personnalité ? Vous créez une race de numéros sans caractère, sans passion.

— De purs esprits.

— Si l'intelligence n'est pas précisément la résultante des conflits entre les passions et l'altruisme, entre les instincts et la pitié, ou du spectacle de ces conflits...

— Qui sait ? fit Pythie. Il fallait bien tenter l'expérience...

D'ailleurs si la personnalité de chacun s'efface, le caractère de la race ne conquiert-il pas l'unité la plus admirable. Le but d'un effort pareil au nôtre est précisément de substituer la personne de la race à la personne de l'individu. Celle-là se heurtera contre les caractères des autres nations, contemplera les luttes des autres nations ; et son intelligence collective augmentera en bloc, par le spectacle de ces conflits généraux, à la suite de ces conflits, à mesure que diminuera l'initiative individuelle.

Nous serons le seul corps de sept, dix, trente millions d'âmes semblables, et ce corps croîtra en puissance, comme la puissance d'une batterie électrique croît en raison de la parité et du nombre de ses éléments.

— Soit. Mais alors, cette race ayant à lutter contre les appétits simples des autres races, qui sont l'extension de la propriété et le désir de vaincre, se trouvera bientôt, par la nécessité de combattre avec armes égales, revenue à l'état purement guerrier, c'est-à-dire brutal, à l'égoïsme pur, c'est-à-dire à la qualité contraire de celle où vous prétendez atteindre... Ah !

Pythie accueillit du sourire, mon objection.

— Nous n'aurons pas à lutter avec des armes égales, puisque les nôtres sont supérieures...

A ce moment un coup de tonnerre fracassa les airs. Puis de formidables détonations rebondirent d'écho en écho à travers l'étendue.

— Les nefs aériennes commencent la pose des torpilles, dit Théa...

Dès lors, il fut impossible de s'entendre. Le ciel tombant sur la terre, se cassait, s'écrasait. Tout ce qui dormait s'éveilla. Les chevaux hennirent et ruèrent. Il fallut courir à eux afin de les calmer. Douloureusement les ondes vibratoires frappaient les tempes et les os du crâne. Les soldats se coiffèrent de leurs casques munis de petits coussins, que la jugulaire colle aux oreilles.

Presque aussitôt l'ordre vint de reprendre la marche. Les tentes furent défaites, les manteaux roulés et mis en bandoulière, les guêtres bouclées, les dolmans rajustés, les rangs formés ; et, dans l'intervalle des explosions, nous entendîmes, contre le taillis, la morsure des faux et des grandes herses que poussent en avant des colonnes de fluettes locomobiles, afin d'achever l'œuvre de l'incendie, d'aplanir les pistes.

L'armée s'ébranla vers la nuit des grands bois...

LETTRE VIII

Mercure, Palais des Coupoles
astronomiques.

Les villes les plus récentes de la dictature sont, comme celle-ci, semées au milieu de forêts. Autour des édifices chuchotent des eaux vives. Les cygnes nagent à l'ombre. Sur une patte, les ibis roses méditent. Les tramways électriques portent à la proue des figures gracieuses et sculptées qui tiennent le fanal dans leurs mains. Il en saillissait de pareilles aux proues des nefs antiques. Sur les routes couvertes par les voûtes de verdure que fournissent les frondaisons des arbres tropicaux, il court des automobiles offrant la forme atténuée d'hippogriffes. Les ailes à demi décloses enferment la capote, tandis que le cou rengorgé du monstre, son poitrail qui se bombe, terminent de façon heureuse le train antérieur. Couronnant la tête de l'hippogriffe, six fleurons sont des ampoules électriques ; et, la nuit venue, on voit glisser, vertigineuses, ces belles bêtes de sombre bois laqué, à couronnes de lumière.

Nous avons longé, dans une de ces voitures, la digue de maçonnerie qui soutient et qui élève le monstrueux télescope de trois kilomètres et gros à proportion ; nous avons contourné les lacs de réactifs où les savants étudient la guerre des substances ; nous avons circulé, des heures, entre les dômes de verre où, le vide ayant été fait, les courants odiques et les fluides les plus subtils ondulent, planent, vivent, révélés par des moirures diaphanes, et, quelquefois par un bref éclair bleu ; nous avons escaladé des sentes de cristal, la colline d'aimant magnétique qui darde, certains soirs, une gerbe d'essence glauque vers laquelle accourent, parmi l'espace, d'innombrables gouttes de lueurs fauves, vertes, bleues, vers laquelle zigzague la foudre, continûment.

C'est ici la région des miracles scientifiques. Dès que le soleil se couche, les gens s'illuminent, à cause d'une préparation phosphorée qui teint leurs vêtements. Alors l'éclat des promeneurs éclaire les chemins d'une sorte douce et charmante. L'ombre s'emplit de fantômes brillants qui parlent, glissent deux à deux, trois à trois. Les orgues cachées chantent. On s'aperçoit d'une parenté bien plus proche avec les êtres hypothétiques habitant les myriades de planètes en suspension dans les profondeurs.

En vérité l'enthousiasme m'a conquis cette fois. Comment dirai-je le secret du bonheur ressenti ? Cela tient-il aux propos des savantes et des savants qui exposent avec des voix mystiques la composition des mondes ? Cela vient-il de l'air imprégné par de suaves effluves ; ou des figures embellies par une adoration loyale envers l'Harmonie des Forces que tous nomment Dieu ? Ici nulle peine n'est lue en aucun œil. Il ne se rencontre personne qui rie, il ne se rencontre personne qui s'attriste.

« — Ecoutez, me chante Pythie ; écoutez si vos oreilles peuvent le faire. N'entendez-vous pas bruire l'invisible vie des Idées autour de nos membres ? Ne sentez-vous pas comme la vigueur des Grands Etres vous fortifie, en ce lieu ? Ne goûtez-vous pas la confiance délicieuse de se connaître organes minuscules de la Personne Planétaire ? Je ne sais si vous percevez, ainsi que moi, la douceur de se perdre en une forme plus totale que nos individualités humaines. Je ne sais si le sens de se diluer parmi l'immense courant de la Gnose vous transporte hors de votre gaîne charnelle, comme elle me transporte. Tout s'écoule de moi qui n'est point pensée. Un magnétisme « décorpore » ici la mentalité. Ne vous semble-t-il pas concevoir aisément ce que chacun de ces promeneurs espère, entrevoit, ou contemple de son esprit ?... Ah, vous me parliez d'amour, d'âmes en communion, d'êtres distincts rassemblés en un seul être ; vous conseillez la fusion de nos deux sentiments en une seule ardeur passionnelle...

Voici qui comble le vœu. Tous les habitants de la cité vivent en une même âme qui s'évertue pour connaître plus du secret des mondes, et le reste s'abolit devant leur désir de chercher le Dieu véritable... »

Certainement l'atmosphère de la ville est spéciale. On jouit d'une ivresse calme à travers les jardins magnifiquement colorés.

N'avez-vous pas, mon cher ami, à certains jours, subi l'entraînement de la foule dans les rues d'une capitale ? L'indignation ou la moquerie dont elle s'anime, devant les spectacles d'une brutalité, d'une déchéance, ne vous saisissent-elles pas, malgré les avis de la raison ? Mêlé à la cohue populaire, n'avez-vous pas acclamé la souveraine qui passe, raillé l'ivrogne en querelle, applaudi l'héroïne d'un niais vaudeville, ou poursuivi le larron qui vient de dérober à l'étalage ? Du moins, si vous n'avez pas été jusque l'acte, il vous fallut, à ces minutes, une victoire sur le penchant, une résistance à l'appel de la multitude. La contagion de l'exemple affole quand la foule est nombreuse. La préoccupation de l'incident supprime la somme des autres soucis chez ceux de la cohue.

L'entière volonté de chacun se concentre afin de participer à l'émotion générale, d'y jouer un rôle. Colères, railleries, fureurs, espoirs de vaincre, désirs bestiaux s'unissent par dessus le reste des hommes, et composent une seule force omnipotente dont les effluves grisent. Les instincts s'excitent au paroxysme. Ils affluent des corps ; et leur mélange extérieur crée un être collectif dont les individus deviennent les membres serviles.

Cette colère ou cette joie de la rue peuvent donner une imagination approximative de ce que je ressens au milieu de cette ville. Je deviens le membre docile d'une idée collective d'existence. La fureur de poursuivre la science, m'entraîne avec la cohue des êtres frénétiquement avides d'y participer. Mon attention augmente d'une manière phénoménale. Sans rien connaître de la physique, de la chimie, de la mathématique, de la cosmographie que les rudiments appris au collège, je vois se révéler l'évidence de phénomènes, de lois, de formules, de calculs, de solutions. Entre les autres et moi-même une endosmose de savoir se continue.

Aux yeux et aux sourires, autant qu'aux paroles, je lis la certitude qu'il convient d'acquérir. Et je me rue avec la foule à la chasse de la vérité. Nul ne résiste à cet entraînement.

« — Voilà, voilà... je vous aime, m'a dit Pythie, ce matin. Vous venez d'éclairer les raisons de rythmes qui règlent la formation de la substance dans l'éther impondérable. Et mon esprit épouse le vôtre, l'adore en admiration... O cher amant, cher amant... qui faites paraître la force de votre intelligence ; vous avez compris les émois du monde, les motifs de sa genèse ; et la création palpite sur vos lèvres disertes..... Tenez voici mon corps, aussi, par surcroît, mes mains, ma gorge et ma bouche, et le reste de moi..... »

Nous eûmes une étreinte de dieux...

Théa ne nous a point suivis jusque cette ville de Mercure. Elle est repartie pour Jupiter où son office l'appelait. Nous marchons seuls, Pythie et moi, parmi les miracles de la cité savante.

Pythie est pleine de charme. Elle va, légère et magnifique, dans son habit bleu, au haut de ses guêtres fauves. L'or mat de son visage rayonne autour des yeux ironiques et profonds. Mais son sourire a gagné d'ineffables indulgences.

Les palais rient de leurs céramiques colorées au bout des charmilles unies en l'air par des toits de lianes et de vignes sauvages. Vêtus de bleu, les gens marchent avec l'allure d'un bonheur grave. Il y a des allées de sable écarlate, des eaux jaillies, violettes, pourpres, orangées, mauves ; des statues groupées de personnages nobles qui regardent les astres, avec des yeux passionnés, ou dont le geste s'émerveille devant le miracle éclos aux transparences de la cornue. Un très fin réseau métallique enferme dans les perspectives sylvestres la course de daims, de cerfs, de chevreuils. Les belles bêtes déambulent entre les arbres. Des faisans picorent. Les paons s'irradient, perchés sur le rebord des vasques. Après les verdures noires des taillis, le flamant rose baigne, en une mare constellée de fleurs énormes, ses pattes de filigrane.

Le plus étrange de la ville est un lieu cave pareil au gigantesque hippodrome de Byzance.

En ce val, des nègres et des Malais vivent solitaires, chacun à l'abri d'une arcade que des grilles ferment. Maintes cascades artificielles imprégnent de fraîcheur les rues qui desservent les façades. Des arbustes et des stores propagent l'ombre. Ces prisons forment une sorte d'avenue triangulaire dont la base est une scène de vaste théâtre. La ligne droite de l'angle est habitée par les femmes, la ligne gauche par de jeunes hommes.

Des fleurs odorantes ornent les cheveux des uns et des autres. Leurs corps dégagent un parfum lourd. On les voit sans cesse aux mains des masseurs. Une musique voluptueuse énerve visiblement la langueur de leurs yeux. A portée de leurs mains des tables sont servies que chargent des fruits, des breuvages, certaines confitures succulentes et pimentées, des sauces singulières noyant des purées rougeâtres.

A voix mélodieuses, les phonographes récitent certaines rapsodies malaises qui semblent intéresser les allures reptiliennes des jaguars des chats et des panthères domestiques frôlant les buissons de roses. Ces animaux s'étirent, rampent et puis baillent. Ils se frottent le long des barreaux ou miaulent au ciel qui chatoie, cerné, sur la crête circulaire du val, par le frémissement de la forêt.

Il est des heures où le théâtre se peuple de danseuses javanaises. Leurs tiares de cuivre brillent au-dessus des tresses noires. Leurs mains érotiques s'agitent et fendent l'air ainsi que les nageoires des poissons fendent l'eau. Souvent une horde de négresses hurlantes imite les obscénités de l'amour. C'est la représentation habituelle aux théâtres de ce pays, avec cependant quelque chose de plus bestial, avec des musiques sauvages, tour à tour frénétiques et lugubrement lentes.

Cela fait se plaindre les jaguars. Ils se poursuivent. Ils miaulent. Les matous aussi s'énervent et combattent. Des griffes s'ensanglantent. Leur colère tousse. Etendues sur l'échine, et montrant leurs ventres blancs, leurs rangées de mamelles roses,—les femelles des panthères appellent le mâle qui, pour surgir, troue les buissons d'où neigent les pétales des fleurs mûres. Alors, forcenées, les bêtes se mordent et s'accouplent. Une tiède odeur de fauves corrompt l'air.

Des bandes de soie sombre se déroulent le long des mâts, se gonflent et s'amollissent au souffle de vents artificiels.

On aperçoit les solitaires qui remuent derrière leurs grilles argentées. Yeux et dents illuminent les physionomies brunes battues par les franges épaissies des cils.

L'étroitesse de l'avenue angulaire ne tient les hommes éloignés des femmes qu'à une distance minime. Ils se considèrent en s'étirant. Les regards disent leur convoitise mutuelle des chairs. Pensives, les filles se serrent contre les barreaux de leur arcade en contemplant la volupté des jaguars et des chats. Les frissons nerveux secouent leurs épaules, leurs seins, pendant que durent le spectacle comme la musique. Les fleurs éclatent en couleurs sur les chevelures bleues des captifs. Plus forts émanent les parfums des corps. Une commence à gémir. D'autres plaintes répondent. Toutes les faces se collent aux barreaux d'argent ; les mains brunes se crispent. Les saccades de rires hystériques s'unissent aux frénésies de l'orchestre. Les hommes aussi bâillent douloureusement et tordent leurs bras dans les grilles.

— Ils souffrent, dis-je, la première fois à Pythie.

— Oui répondit-elle, ils souffrent. Ces mets, ces fruits, ces sauces, ces confitures, dont vous avez goûté une parcelle sont de puissants aphrodisiaques qui paroxisent le désir de leur instinct. Tout à l'heure ils bondiront sur place éperonnés par le délire de la chair qu'excitent encore les musiques et les danses. Et cependant nul n'ouvrira les grilles d'argent entre lesquelles ils passent leurs cuisses et leurs bras, leurs bouches douloureuses.

— Et pourquoi ce supplice ?

— Ah ! Ah ! Comprenez-vous ?... Voici la raison. Ces deux cents barbares dans la force et la jeunesse ainsi saturés le désir se trouvent dans l'état où leur nerfs dégagent le plus de volonté. Ils projettent leurs fluides, leur âme, leur vigueur psychique hors d'eux-mêmes. Ils essaient de jaillir hors de leurs corps pour rejoindre les formes du sexe contraire ; telles les électricités de nom différent qui se projettent aux bouts des pointes afin de s'unir dans la brève joie d'une étincelle bleue.

« Nos savants estiment qu'il en est de même à l'égard de ces sauvages. Leurs fluides volontaires jaillissent des pointes de leurs corps, mains, jambes, bouches, pour tenter de se joindre et de se confondre.

« Si l'hypothèse est justifiable, cette étroite avenue angulaire contient une quantité de force psychique, de fluide humain qui s'accumule invisiblement. L'on peut donc induire qu'une personne saine momentanément baignée dans ce fleuve, attirerait à elle une partie de la force statique, et, neutre, se chargerait des fluides de noms contraires. Le déneutralisation, en s'opérant, occasionnerait un état tel que, pendant une seconde au moins, le baigneur se trouverait contenir le paroxysme de la force psychique émise par ces deux cents sauvages. Imaginez un savant, pénétré de l'importance de son problème capital et qui sent très prochaine la solution. Il entre dans cette avenue. Il marche, les yeux fermés, parmi cette accumulation de fluides. Le jeûne, le bain, de préalables copulations, l'ont préparé de manière à ne pas être sexuellement ému. La volonté s'accroîtra donc d'une somme fluidique considérable empruntée à l'atmosphère spéciale. Elle se concentrera plus vigoureusement. Elle dépensera avec plus de puissance un effort centuplé. Il y a mille chances pour que notre penseur trouve dans ce bas-fond la résultante de son problème.

« Voyez : un plafond de verre en deux parties s'abaisse progressivement sur l'avenue. Les fluides vont être condensés par une pression de gaz récemment créés dans ce but. Comme, devant les grilles, l'air s'épaissit ! Le voyez-vous bleuir ? Aux extrémités des mains, des jambes, il naît de minuscules pétillements. Voici que l'on distingue les ondes psychiques. Des courants agissent par couches, en sens contraire..... Ah ! les chats et les jaguars commencent à geindre. Bon, tous les rires hystériques donnent. Quel charivari.... Regardez comme ces pauvres brutes se collent aux barreaux. Et celle-ci qui déchire sa robe, qui pousse sa chair dans les interstices de la grille..., et son rictus ; et sa chevelure qui se dresse entre les fleurs pourpres. On suffoque tant les odeurs mâles et femelles sourdent des épidermes en sueur. Remarquez aussi les ceintures de sûreté qui gardent les captifs contre tout assouvissement artificiel. Pendant une heure encore, les désirs et les délires vont s'exaspérer dans leurs corps. Oh ! cette panthère a-t-elle bondi haut ! On commence à se sentir mal à l'aise. Les phosphorescences sont dangereuses à regarder. Mon torse tourne sur mes hanches ; et mes seins me font mal. Sortons un peu. Dans une heure nous reviendrons. »

A notre retour, le spectacle répugna. Comme les lianes ou le lierre entourent les arbres, les corps des captifs restaient noués autour des barreaux d'argent. Presque tous étaient aphones d'avoir hurlé. Les langues sautelaient dans leurs bouches ouvertes et blanchies. Plusieurs, en se pressant contre les barreaux, avaient laissé leur chair se meurtrir, saignaient. Il y eut des filles qui se tordirent à terre en pleurant ; des hommes qui pantelèrent étendus sur le ventre. Les jaguars, les chats et les panthères blottis dans des coins, parmi des buissons, ne bougeaient plus, miaulaient faiblement.

Au milieu de l'angle, siégeait sur un trône une forme immobile et voilée. Nous ne vîmes que des mains de vieillard aux veines grossies. L'air dense avait des zones rouges, violettes, mauves, bleues, et les courants agissaient par ondes rapides dans son épaisseur phosphorescente. La frénésie des musiques s'était tue. L'ombre emplissait le théâtre. Le plafond de verre refermé serra une masse incolore de gaz contre l'atmosphère en pression. Aux barreaux d'argent, les solitaires encore tendaient les mains, les lèvres, heurtaient leurs fronts, leurs soupirs rauques, leurs yeux de feu.

La forme du savant ne remua point toute une heure, insensible aux plaintes des torturés. Soudain il poussa un cri de triomphe, et quitta le trône pour se précipiter vers l'issue.

— Il a trouvé, dit Pythie.

Au même moment toutes les grilles tournèrent sur leurs gonds devant les arcades ; et les solitaires surgirent vers les bras ouverts des femmes, vers les corps pantelants, et les seins meurtris. Mais, à peine dressés, ils trébuchèrent. Nul des femmes ni des hommes ne put franchir l'étroite avenue. Les corps s'abîmèrent sur les buissons de roses d'où les jaguars s'enfuirent. Un grand sanglot retentit encore. Le désir avait aboli la force de réaliser l'étreinte.

Doucement le plafond se divisa. Les deux parties de verre furent redressées. L'air s'évada en sifflant par la fente. Nous sortîmes.

Au dehors les phonographes proclamaient la miraculeuse découverte obtenue par le patient du XIIe groupe mathématique.

Un cortège de fête se forma aux carrefours des jardins (1).

---

(1) Cf. Fénelon, *Télémaque*, Livre XIII.

Déjà la réputation du gouvernement doux et modéré d'Idoménée attire en foule de tous côtés des peuples, qui viennent s'incorporer au sien et chercher leur bonheur sous une si aimable domination. Déjà ces campagnes si longtemps couvertes de ronces et d'épines promettent de riches moissons et des fruits jusqu'alors inconnus. La terre ouvre son sein au tranchant de la charrue, et prépare ses richesses pour récompenser le laboureur : l'espérance reluit de tous côtés. On voit dans les vallons et sur les collines les troupeaux de moutons qui bondissent sur l'herbe et les grands troupeaux de bœufs et de génisses qui font retentir les hautes montagnes de leurs mugissements. Ces troupeaux servent à engraisser les campagnes. C'est Mentor qui a trouvé le moyen d'avoir ces troupeaux. Mentor conseilla à Idoménée de faire avec les Peucètes, peuples voisins, un échange de toutes les choses superflues qu'on ne voulait plus souffrir dans Salente avec ces troupeaux, qui manquaient aux Salentins.

En même temps, la ville et les villages d'alentour étaient pleins d'une belle jeunesse, qui avait langui longtemps dans la misère, et qui n'avait osé se marier de peur d'augmenter leurs maux. Quand ils virent qu'Idoménée prenait des sentiments d'humanité, qu'il voulait être leur père, ils ne craignirent plus la faim et les autres fléaux par lesquels le ciel afflige la terre. On n'entendait plus que des cris de joie, que des chansons des bergers et des laboureurs qui célébraient leurs hyménées. On aurait cru voir le Dieu Pan avec une foule de satyres et de faunes mêlés parmi les nymphes, et dansant au son de la flûte, à l'ombre des bois. Tout était tranquille et riant, mais la joie était modérée, et les plaisirs ne servaient qu'à délasser des longs travaux : ils en étaient plus vifs et plus purs.

Les vieillards, étonnés de voir ce qu'ils n'avaient osé espérer dans la suite d'un si long âge, pleuraient par un excès de joie mêlée de tendresse ; ils levaient leurs mains tremblantes vers le ciel.

« Bénissez, disaient-ils, ô grand Jupiter, le roi qui vous ressemble, et qui est le plus grand don que vous nous ayez fait. Il est né pour le bien des hommes. Rendez-lui tous les biens que nous recevons de lui... »

LETTRE IX

Vulcain.

En bruissant avec violence, les ailes de l'aéronef nous ont enlevés hier. La ville se rétrécit. Les champs perdirent leurs couleurs. Les routes se réduisirent. La terre sembla tomber dans les abîmes lumineux du monde; et les nuages nous enveloppèrent, un temps.

On s'habitue mal au tumulte de l'air où se vissent les hélices, et que battent les ailes mécaniques. La parole humaine ne s'entend pas. Nous portons des maillots épais qui ne laissent pas de prise au vent. Il faut marcher en se tenant aux tringles et aux cordes. Au-dessus de nous la voilure qui règle la marche, s'enfle et courbe la nef sur son axe de direction. Placée à l'arrière une misaine énorme fait l'office de gouvernail, appuie sur les souffles. C'est la queue de l'oiseau artificiel nous emportant à travers le brouillard tiède. La mâture crie. Le volant tourne si vite qu'on perçoit à peine un grand halo de lueur grise à la poupe. Enfermées dans une cabine de toile, les machines mystérieuses et les accumulateurs de force palpitent de leurs bruits huilés. De lents tic-tac gouttent. Mais il demeure interdit d'approcher afin de connaître le miracle. Pythie disait : « — Nous possédons en lui la puissance de changer l'organisme des peuples. Quand s'achèvera la fabrication de nos escadres aériennes, lorsque le nombre des bâtiments nécessaires sera construit, alors nous nous élèverons sur le Vieux Monde en un vol dense, telles ces armées d'archanges titaniques aux ailes sombres qu'annoncèrent les Ecritures. Notre force formidable ira du Sud au Nord. Elle planera. Elle illuminera la nuit d'astres nouveaux. Elle sillonnera le jour de ses pavillons et de ses banderoles. Son essor aigu coupera l'espace, par dessus les foules épouvantées et le tocsin des villes. Aux tirs des canons, aux feux des armées réunies par les maîtres de l'Injustice répondront les chutes éclairantes de nos torpilles et les explosions formidables capables d'anéantir les Babylones. Après, nous débarquerons les charrues et les semoirs. Les limites seront nivelées, les bornes renversées ; la moisson couvrira toute la terre pour la faim de toutes les bouches. Nous cernons la mort, la détresse et le désespoir dans leurs retranchements suprêmes...

« Or il ne faut pas que l'on découvre le mystère de notre force avant l'heure de sa bienfaisance. Supportez la règle qui prescrit de ne pas l'approfondir. Ecoutez à distance la vie paisible de la machine. Savez-vous ceci ? Le groupe qui inventa le miracle accepta de se sacrifier pour le sort du monde. Dix-neuf, ils sont partis vers la montagne avec le secret.

« Dans une gorge triste, séparés des hommes, ils vivent au milieu des forges, et hâtent le travail des Malais, des soldats.

Vous allez connaître la ville de Vulcain, les incendies de ses hauts-fourneaux ? Là s'élabore la transformation prochaine de la vie au cœur des cîmes... »

De ses ailes, la nef secoua l'ouate des dernières couches nuageuses, et nous apparûmes à la chaleur du soleil. Des rocs entassés dans l'horizon émergeaient, immenses, lépreux, sur la mer de blancs brouillards. Nous montâmes encore et découvrîmes, au milieu de ce chaos infini, les fumées d'usines occupant un plateau.

— Voici Vulcain, annonça Pythie. Voici la cité de fer et de feu ; voici la tête ouverte de la montagne métallifère, et la plaine qui retentit de l'activité des hommes ; et voici le vol des nefs nouvelles qui évoluent dans l'air pour exercer la stratégie des commandants...

De tous les points du ciel, des escadres planaient, montaient, descendaient par dessus le masque des nuages les dérobant aux curiosités de la terre.

Je me rappelais ces après-midi de printemps où, en notre Europe, les hirondelles revenues parcourent le ciel à la recherche de leurs demeures. Les voix des sirènes, les sifflements des machines suspendues très haut dans l'azur, tombaient lointaines ainsi que les cris des oiseaux.

Mais ce n'étaient pas les façades paisibles et blanches de nos maisons vers quoi se développaient ces efforts. Des arcatures de fer, basses contre le sol, enferment le fracas du fer. Il y a des échafaudages pour enclore les carcasses des nefs en construction. Les grues hydrauliques hissent les énormes pièces des hélices. On ajustait à grands chocs de marteau les assises des mâtures. En haut de tours à claire-voie, supportant, par quatre, une plateforme, certains êtres minuscules achevaient l'arrimage des bâtiments finis. Vaste et léger, l'aérostat ainsi maintenu étale ses ailes au large des tours. Leur ombre, à terre, protège le travail de maintes équipes.

Notre nef commença par entreprendre de vastes cercles en volant. Les voiles s'inclinaient. Depuis la pointe des mâts, les focs frémissaient le long des cordes. Nous tracions dans l'air des courbes concentriques qui allèrent se réduisant jusque vers la plateforme de quatre tours. Le vent tournoyait, vibrait. Et nous finîmes, ayant rasé une fois le bord du débarcadère, par y poser doucement.

Les ascenseurs nous mirent à terre. C'est la même ville d'avenues larges, de longues façades peintes, d'arcades où s'ouvrent des salons commodes entre les serres des réfectoires, et où les phonographes parlent. Mille jets d'eau fusent sur les pelouses des nymphées construites autour des groupes statuaires qui perpétuent le souvenir des inventions. Les quilles des tramways glissent dans le rail des chaussées. On entend la voix des grandes orgues. L'éclosion multicolore des fleurs enivre l'air.

En habit rouge les travailleurs vont, ainsi que les travailleuses. Contre l'entrée des usines il se dresse des portiques admirables où la sculpture représente les travaux de Vulcain, ceux des kobolds et des gnomes remuant les richesses de la terre avec leurs courtes pelles. Le fracas entendu de loin augmente peu quand on approche des usines. Une savante hydraulique ménage des compressions douces. Le fer s'écrase presque sans bruit sous les pilons sourds. C'est une mie de feu que pétrit un pouce d'acier. Des ventilateurs entretiennent une température égale. Assis, les ingénieurs règlent l'effort, en appuyant sur des touches numérotées. Très peu de charges sont mises aux bras des hommes. Cent pinces d'acier saisissent les masses et les barres, les élèvent, les présentent, les retirent et les jettent, sans le secours humain.

Du sol montent des antennes de métal, des pinces coudées, des griffes articulées, qui œuvrent. Quelques femmes, aux claviers de force, dirigent, d'un pianotage alerte, ces mouvements que prépare dans le sous-sol un formidable et compliqué mécanisme soumis aux courants dispensés par les touches. L'énergie court le long des fils, s'élance dans le lacis des courroies rapides, lance des tentacules qui mordent le fer en fusion dans les fournaises. Point de cris d'hommes, points de clameurs de métal jeté sur le métal. Les jets d'étincelles sautent dans le soleil venu par les verrières.

Malgré la promesse faite, je ne puis

m'empêcher de vouloir connaître le mystère industrieux.

Je songe au péril qui menace le monde, lorsque seront prêtes les escadres. Il m'appartient de préserver nos patries en les munissant de pareils engins de défense. Dans mon cœur tous les atavismes d'une race orgueilleuse s'émeuvent pour me crier de pourvoir à la protection de l'Europe en l'avertissant du danger, en surprenant le secret des constructions.

Et voici : j'étudie avec une intelligence sournoise, j'écoute battre les cœurs des mécaniques. Je flaire les haleines des gaz enclos dans les tubulures. J'épie la marche des rouages.

— Oh, répète Pythie, pourquoi te laisses-tu tenter, toi... Pense à La Seule Chose Interdite. Rappelle-toi tant de fables où la curiosité du héros cause sa défaite. Un sphinx veille ici qui dévorera ton existence si tu ne devines pas l'énigme assez habilement. Le destin du monde est un dogme trop lourd pour ne pas peser plus qu'une liberté humaine devant ceux de la Dictacture qui maintiennent la balance juste. Je te sens chétif contre un tel sort. Prends garde... tu sollicites la fin de tes actions, et l'anéantissement de ta force...

Car Pythie s'émeut pour moi.

Vraiment depuis que m'anime ce désir de connaître le mystère des cataclysmes prochains, depuis qu'elle m'assure de ma perte certaine, l'ironie voilée par ses cils s'apaise ; une douleur sûre plisse ses lèvres blanchies. Aucune des invites que lui miment les beaux hommes ne convainc plus sa volupté grave. Elle me suit avec tristesse dans les avenues de Vulcain, sous les arcades fraîches, au milieu des machines muettes et actives. Elle me regarde l'âme à travers les yeux. Il y a souvent des sanglots dans sa voix.

Parce que je cède au besoin de sauver l'esprit de ma race, ma compagne s'attendrit disant : « — Voici que tous les vieux peuples d'Occident vivent en toi. La force des nationalités se dresse dans ta personne, et tu es tout ce qu'on nous apprit de l'histoire antérieure. Que de races parlent à cette heure dans tes phrases; que d'énergies animent ton intention. Tu es Ce-qui-fut contre Ce-qui-sera. Dans tes gestes paraît l'élan fou des suprêmes défenses, tu es ivre de l'héroïsme dévolu à ceux qui succomberont... Cesse, cesse de chercher la Chose Interdite, tu ne la connaîtras point, sans disparaître pour ceux qui t'aiment... »

Je vais cependant. Je rôde autour des usines. J'interroge les manœuvres, les soldats, les jaunes aux yeux malicieux et las. Sans doute je pourrai savoir.

Il faudrait parvenir jusqu'aux chambres des ingénieurs qui ajustent les pièces construites en des ateliers différents. Déjà je n'ignore plus que l'accumulation de force s'obtient à l'aide d'un gaz très dense dont les molécules, sans cesse agitées par un moyen mécanique, poursuivent la multiplication de l'énergie incluse en elles. On enferme ce gaz dans des tubes faits avec un amalgame de platine et de diamant obtenu après de longues coctions au four électrique, à des chaleurs dépassant mille degrés. Mais ce gaz doit la naissance à la décomposition de métaux particuliers, rares, précieux, que l'on transporte avec soin dans des coffres fermés et sous la garde de plusieurs hommes.

J'ai voulu visiter les mines. On m'en a défendu l'accès. Des indigènes m'épient. Je les sens me suivre à pas mous dans les détours des arcades. Ils contemplent à côté de moi le chaos des monts violets, la mer illimitée des nues roses au-dessus de laquelle s'érige la ville, comme un port insulaire sur l'océan. Ils sont près de notre table lorsque nous prenons, Pythie et moi, les repas du jour. Non loin du domicile assigné à notre halte, il en est qui veillent toute la nuit en jouant avec des billes et des miroirs. J'essaie d'en gagner plusieurs. Ils restent insensibles aux promesses de l'or, à l'espoir de triompher riches, dans nos patries.

Pythie blâme mon imprudence. Elle croit que les gens de la Dictature me laissent ainsi manœuvrer, afin de me convaincre tout à coup de trahison pour se saisir de moi, et m'enrôler de force dans les régiments de Mars. Ils regretteraient, selon elle, d'avoir autorisé ma visite dans leurs états. Ils redouteraient que j'apprisse au monde l'existence de leur prospérité, avant l'heure où pourront triompher les escadres aériennes.

De toutes ces craintes l'amour de Pythie, envers moi s'augmente. Au crépuscule, nous parcourons le promontoire qui s'avance dans la mer de nuées. Les nefs reviennent au port avec de grands cris. Elles surgissent de la mer çà et là, montent au ciel rouge, s'y inscrivent en sombre avec leurs voilures enflées, le halo du volant, à l'arrière, la misaine du gouvernail et le chapelet des torpilles suspendues sous la passerelle inférieure. Les cris des sirènes les assemblent. Entre la surface pourpre des nues et le ciel écarlate, les nefs volent roides, aiguës du beaupré, vers les plateformes surmontant quatre tours de fer. Les phares s'allument et tournent. Il brille, dans le sombre, sur l'échine bleue des montagnes, de grands yeux mobiles, or, rouges, verts. La mer de nuages flotte sous les astres lentement apparus au ciel pers et bleu.

Alors, l'émotion du soir met les lèvres de Pythie sur mes lèvres. Tout son corps tremble contre ma poitrine... « — Tu vas mourir, dit-elle ; je sens que tu vas mourir... ; et je commence à te chérir pour ta faiblesse touchante. Tu vois. Je n'ai plus de bonté à

l'égard de ceux qui ne sont pas les gaînes
de ton âme. Je ne regarde que le pays qui
attire ta vision. Plus un parfum ne m'enchante s'il ne t'a plu; j'admire la grandeur
de ta barbarie qui résiste aux séductions de
notre vie favorable et logique, pour, contre
cette puissance, mesurer ton effort inutile.
D'abord, j'ai méprisé ce besoin dont tu es
imbu, de te croire le centre du monde,
d'imaginer ta liberté, ta noblesse, tes traditions, de respecter l'élan de ta race en toi.
Moi, je ne comprenais que la fusion de l'individu dans le corps social, et sa contribution
à l'âme universelle où il se perd. Je ne
comprenais que cela, et je me donnais à tous
les désirs de procréation, à la vie de tous,
à l'instinct total des hommes. Je vivais l'orgueil de respirer par toutes bouches et de
penser avec tous les cerveaux. Tu es venu,
avec tes idées de jadis ; avec les folies de
l'autre temps ; avec la jactance puérile du
sauvage qui aime se dire incomparable. Tu
rassemblais tout en toi. Je dispersais moi en
tout. Et nous voici, ce soir, émus d'une
palpitation pareille, sans que j'aie rien nié de
ma foi, sans que tu aies rien nié de la tienne.

Pourtant je sais que tu vas trahir mon idée. Ma volonté n'a point la force de te vaincre ; et je laisserai ton caprice détruire l'œuvre admirable..., afin de te complaire ; et je souhaite que tu trompes la vigilance des espions pour retirer aux peuples la chance, ici concertée, de leur affranchissement. Comme tu m'as changée, toi, toi !... toi qui me fais l'ennemie de mes espoirs, de mes croyances, de tout ce qui constituait mon être... Et je ne devine point la cause de ce changement. Tu es là ; je n'existe plus qu'en toi... Oh, tes lèvres et la force de tes yeux !... »

Dire l'exaltation de mon triomphe — sur cet esprit vaincu par le mystère de l'amour, sur cet esprit logique et puissant, vaincu par le seul mystère d'attractions ! — Je ne saurais...

Nous consommons des soirs ainsi, au bord de la mer de nuages, alors que s'appellent les nefs aériennes dans l'obscurité de l'espace...

Telle fut la dernière lettre que je reçus de mon ami espagnol. Il n'a point reparu dans notre Europe. Sa famille demeurée sans nouvelles fit certaines démarches auprès du ministre pour savoir ce qu'il était advenu du diplomate et de sa mission. Une note récemment envoyée par le gouvernement de Manille prévoit que les pirates montant une embarcation d'insurgés philippins durent capturer l'aviso portant le fonctionnaire. Jusqu'à ce jour une enquête administrativement poursuivie n'a donné aucun résultat digne de mention.

La revue blanche

La revue blanche, bi-mensuelle, paraît depuis huit ans et forme par an trois volumes in-octavo de 540 pages.

Ce périodique, dont tous les articles sont strictement inédits et qui s'est placé ingénieusement entre les revues trop compactes et les cahiers trop minces, doit son renom d'élégance intellectuelle au soin avec lequel il est édité et rédigé, et à son souci constant de traiter chaque question avant qu'elle ait été déflorée par la presse.

Il a groupé dans sa collaboration, autour de quelques maîtres incontestés, toute la jeunesse littéraire.

Ses lecteurs ont eu la joie de connaître à leur début maints écrivains qui, soit au théâtre, soit dans le roman, se sont vite mis en évidence. C'est dans **La revue blanche** qu'on pourra encore faire la découverte des écrivains qui, demain, seront connus de tout le monde ; et peut-être est-ce en cela que consiste le plaisir de ceux qui s'intéressent aux Lettres.

Les chroniques sur la peinture, la sculpture, le livre, la musique, le théâtre y sont signées des noms les plus en faveur de la jeune critique.

Dans **La revue blanche** les pages humoris-
tiques ont pour auteurs Jules Renard, Lucien Muhl-
feld, Tristan Bernard, Pierre Weber, Romain Coolus
Willy.

A côté des poètes (Mallarmé, Gustave Kahn, José
Maria de Heredia, Henri de Régnier, Emile Verhae-
ren, etc.), on y rencontre des idéologues (Tolsto
Reclus, Victor Barrucand, Paul Adam, Bernard La
zare, etc.).

Elle a publié des « Inédits » de Joseph d
Maistre, Jules Laforgue, Stendhal, Arthur Rimbaud
etc., des traductions de Friedrich Nietzch, de Ri
chard Wagner, d'Edgar Poë, de Herzen, de Tou
guéniev, de Multatuli, etc. ; des romans, des récit
et voyages (Paul Gauguin, Albert Métin, etc.).

Instruite du mouvement intellectuel de partou
La revue blanche tient son lecteur au couran
des manifestations mentales de tous les pays.

L'histoire, les mémoires, la sociologie, les science
n'y sont négligées, non plus que la curiosité et le
philosophies.

Elle est illustrée par H. de Toulouse-Lautrec
Félix Vallotton, Edouard Vuillard, Pierre Bon
nard, etc.

En un mot, **La revue blanche** marche, e
c'est notoire, en tête de la nouvelle génération, e
représente l'art nouveau, la pensée nouvelle.

Publications Artistiques
DE LA
REVUE BLANCHE
Tirage restreint. Exemplaires numérotés

HENRI DE TOULOUSE-LAUTREC :
Anna Held, lithographie. . . . . . . 10 fr.
L'affiche de la *revue blanche* pour 1896. 5 »
May Belfort, lithographie . . . . . 10 »

PIERRE BONNARD :
L'affiche de la *revue blanche* pour 1894. 5 fr.
Mi-Carême, lithographie. . . . . . 5 »

FÉLIX VALLOTTON :
Été, 2 fr. — Poil de carotte, 1 fr. — Hiver, 2 fr. — Que les chiens sont heureux, 5 fr.

Adam, Balzac, Bakounine, Bismarck, Castro, Chambord, Coolus, Coppée, Courajod, Deus, Douglas, Dujardin, Dumas, Zénaïde Fleuriot, Gauthier-Villars, Ibsen, Korolenko, Leconte de Lisle, Léopardi, Loti, Maistre, Malthus, Mendès, Louise Michel, Mikhaïlovsky, Morris, Multatuli, Nansen, Nietzsche (trois portraits), Pissarro, Poe (deux portraits), Ponchon, Liane de Pougy, Paul Robin, Sarcey, Schopenhauer, Stambou'of, Standhal (trois portraits), Henry David Thoreau, Tolstoï, Vallotton, Wronski (deux portraits), Zola (1 fr. le portrait).

PUBLICATIONS ARTISTIQUES

DE LA

Revue Blanche

ÉDOUARD VUILLARD : Rossignol. . . . . 1 *fr.*
LAUTREC : Nib, *sur Vélin*. . . . . . 10 »
VALLOTTON : Nib, *sur Vélin* . . . . 10 »
BONNARD : Nib, *sur Vélin* . . . . . 10 »

BONNARD, DENIS, ROUSSEL, VUILLARD :
Quatre petites lithographies. . . . **1** *fr.* l'une.

BONNARD, COTTET, DENIS, IBELS, RANSON,
REDON, RIPPL-RONAI, ROUSSEL, SERUSIER,
LAUTREC, VALLOTTON, VUILLARD :

L'ALBUM DE LA REVUE BLANCHE, 25 FR.
5 FR. CHAQUE ESTAMPE

LE CRI DE PARIS

« **Le Cri de Paris** » donne une revue complète des événements de la semaine ;
publie des notes sur la vie mondaine de Paris et des autres capitales ;
est absolument indépendant, sa devise est :

TOUT SAVOIR ET TOUT DIRE

« **Le Cri de Paris** » ne fait pas de politique de parti ; il dit très exactement les dessous de la vie parlementaire et politique ;
a organisé un service de reportage et d'informations qui lui permet de lutter avantageusement avec les grands quotidiens les mieux renseignés de France et de l'Etranger ;
donne des renseignements spéciaux sur la politique internationale, sur le monde diplomatique et la vie des cours ;

« **Le Cri de Paris** » publie le compte rendu de tout le mouvement littéraire, dramatique et artistique ; inféodé à aucune école, il dit uniquement la vérité.

« **Le Cri de Paris** » s'occupe de tous les sports.

« **Le Cri de Paris** » fait la guerre aux abus et compte sur ses lecteurs pour l'aider dans ses campagnes.

« **Le Cri de Paris** » ne fait aucune espèce de publicité dans le corps du journal sous quelque forme que ce soit ; la seule publicité admise est celle des annonces.

« **Le Cri de Paris** » renseigne ses lecteurs d'une manière indépendante sur le mouvement financier, les coulisses de la Bourse et le monde des affaires.

« **Le Cri de Paris** » dit la vérité, toute la vérité, rien que la vérité.

LE CRI DE PARIS

Journal hebdomadaire paraissant le Dimanche

PRIX : 30 centimes

PRIX DE L'ABONNEMENT :

	Un an	Six mois	Trois mois
Paris........	15 fr.	8 fr.	4 fr.
Départements..	18 —	10 —	5 —
Etranger......	22 —	12 —	6 —

On s'abonne sans frais dans tous les bureaux de Poste de France et de l'Etranger.

Alexandre NATANSON, *Directeur.*   **Jacques St-CÈRE,** *Rédacteur en chef.*

Le Cri de Paris demande à ses lecteurs de l'aider à combattre les abus, grands et petits, dont le public a tous les jours à souffrir.

Le Cri de Paris accueillera les réclamations portant une signature et une adresse, mais s'engage, bien entendu, à ne publier les noms qu'autant qu'il y sera autorisé.

Les annonces sont reçues aux bureaux du journal, 1, rue Laffitte, Paris.

ÉDITIONS
DE LA
REVUE BLANCHE

DERNIÈRES PUBLICATIONS

Maurice Beaubourg : *Nouvelles passionnées.* — 1 vol. gr. in-8 avec frontispice, d'Edouard Vuillard. Tirage restreint à . . . 5 fr. et à 10 fr.

Paul Leclerc : *Septembre.* 1 vol. in-12 avec frontispice d'Auguste Donnay. Tirage restreint sur papier à la cuve. . . . . 3 fr.

1871. *Enquête sur la Commune*, avec 15 portraits, par Félix Vallotton. 1 vol. gr. in-16 . . 1 fr.

THÉATRE

L'enfant malade, pièce en 4 actes, par **Romain Coolus**. 1. vol. gr. in-16. . . . . 2 fr.

Le Fardeau de la Liberté, comédie en 1 acte, de **Tristan Bernard**. Lithographie de Toulouse Lautrec 1 pl. in-16. . . . . fr. 50

ÉDITIONS DE La revue blanche

Collection grand in-18 à 3 fr. 50

P. Nansen : *Marie*, roman traduit du danois par Gaudard de Vinci, illustré par Pierre Bonnard.

Paul Adam : *Lettres de Malaisie*, roman.

De Stendhal : *Napoléon*, pages inédites, recueillies, annotées et introduites par Jean de Mittry.

Jane Austen : *Catherine Morland*, roman traduit de l'Anglais, par Félix Fénéon.

Auguste Cordier : *Comment a vécu Stendhal*, (Documents inédits) avec préface de Casimir Striyenski.

Eugène Morel : *Terre promise*, roman.

Albert Delacour : *Les Lettres de noblesse de l'Anarchie*.

ÉDITION DE GRAND LUXE :

Imprimée par Jean-Boussod, Manzi, Joyant et Cie.

EDOUARD MANET
Souvenirs
Par Antonin Proust.

Un vol. gr. in. 4° carré magnifiquement illustré. 100 francs.

Tours et Mayenne. — Imp. E. SOUDÉE.

www.ingramcontent.com/pod-product-compliance
Lightning Source LLC
Chambersburg PA
CBHW062020180426
43200CB00029B/2204